Penny McLean

Zeugnisse von Schutzgeistern

Gondrom

Lizenzausgabe für Gondrom Verlag
GmbH & Co. KG, Bindlach 1995

ISBN 3-8112-1314-8

INHALT

Einführung
9

Die Gruppe
31

Das Ich, das Du(al), die Gemeinschaft und die Vollkommenheit
45

Das Gebet und das Wort
55

Die Akasha-Chronik
67

Reinkarnation und Karma
69

Sexus, Eros, Agape – der Weg zur vollkommenen Liebe
95

Veranlagungen, Talente und die Pflicht,
sie zu erkennen
121

Krank-Werden und Gesund-Sein
135

Ernährung und Körperertüchtigung
149

Der Unsinn des positiven Denkens
und seine Notwendigkeit
159

Engel, Schutzgeister – wer sie sind
und was sie bewirken können
171

Tiere – unsere Gefährten und Lehrer
185

Unsere Beschützer im Weltraum
201

Literaturhinweise
226

EINFÜHRUNG

Als ich im Sommer 1988 die Arbeit an meinem ersten Buch über Kontakte mit unsichtbaren Wesen beendete, hatte ich nicht die geringste Ahnung, was ich mit meinen Überlegungen, Ausführungen und Erfahrungen auf diesem Gebiet auslösen würde.

Für viele Menschen waren die Mitteilungen die reinste Erlösung, denn sie hatten Ähnliches erlebt, wagten jedoch nicht, über das, was ihnen widerfahren war, zu sprechen, aus Angst, man könnte sie für geistesgestört oder schlichtweg für »g'spinnert« halten. Ich gebe gerne zu, daß es an einer großen Portion Mut nicht mangeln darf, wenn man diese Hemmschwelle, die Anzweiflung, überwinden will.

Was mich selbst betrifft, hatte ich damit weniger Schwierigkeiten, weil ich mit Hilfe jenseitiger Geistenergien schon jahrelang hatte arbeiten dürfen und aus diesem Grund »Erfolge« vorzuweisen hatte, die mir die Diskussion erleichterten und eher zur Überschätzung meiner geistigen Fähigkeiten führten, als umgekehrt.

Leider ist und bleibt es in unserer Gesellschaft dabei, daß das, was geglaubt werden soll, auch sichtbar bewiesen werden muß und daß man annimmt, daß die Krönung menschlichen Geistes der momentane Stand der Naturwissenschaft ist.

Immer wieder bin ich betroffen von den Streitsituationen, die zwischen Esoterikern, Geisteswissenschaftlern und den sogenannten Vertretern der »reinen Wissenschaft« heraufbeschworen werden – aus barer Unkenntnis der gegenseitigen Fachgebiete. Ich habe gesehen, wie sich Physiker, Chemiker, Anthropologen, Mathematiker usw. mit Astrologen, Pendlern, medial Begabten und Parapsychologen buchstäblich in den Haaren lagen, was manchmal umso komischer oder erbärmlicher war, je mehr sie eigentlich von den gleichen Dingen sprachen und, angefeuert von ihrer eigenen Intoleranz, sich über Tatsachen stritten, die von beiden Seiten bis dato widerspruchslos anerkannt und verwendet worden waren.

Nie werde ich eine »Talkshow« in bayrischen Gefilden vergessen, in der es darum ging, ob »Sterne lügen können«, in deren Verlauf auch heiß diskutiert wurde, ob der Mond wohl eine Einwirkung auf den Menschen habe. Von der nutzlos zerredeten Zeit der Shows, an denen teilzunehmen ich nur das Mißvergnügen als Zuschauer hatte, ganz zu schweigen! Ein praktizierender Esoteriker *lebt* seine Lehre des sogenannten geheimen Wissens, zu dem auch und an erster Stelle die Liebe und Achtung gehört, die er seinen Mitmenschen schuldet. Wenn er nun an einen »Talkmaster« gerät, der sich auf einer Stufe befindet, der diese Gesetze noch weitgehend verschlossen geblieben sind, dann wird der wahre Esoteriker Angriffen gegenüber immer scheinbar wehrlos bleiben, da er sich hüten wird, das Risiko einzugehen, auf ein Niveau heruntergezogen zu werden, das dem hohen Anspruch, den esoterische Themen nun einmal erfordern, schaden könnte.

Ich bewundere jeden, der die würdevolle und heitere Ruhe des eingeweihten Meisters in jeder Lebenssituation vorzuweisen hat. Ich habe sie nicht, wie ich in *allem* von der Stufe des Eingeweihten doch weit entfernt bin, wie mir scheint, nicht nur in Talkshows, wo meine guten Engel alle Hände voll zu tun haben, mich auf dem Sitz zu halten, wobei sie manchmal zu recht drastischen Mitteln greifen. So geschehen zum Beispiel bei einer derartigen Veranstaltung im Norddeutschen Fernsehen, wo ich nach der ersten Frage des Moderators Hände wie Blei bekam. Wenn ich heute die Aufzeichnung dieser Sendung anschaue, erscheint es mir noch immer wie ein Wunder, daß es gelungen ist, mich, eine grundsätzlich mit Händen und Füßen redende Person, von einem Moment zum anderen mit völlig persönlichkeitskonträren Bewegungen auszustatten. Auch so kann Beistand aussehen!

Jedenfalls haben alle diese mehr oder weniger kompetenten Sendungen *die* Menschen aufhorchen lassen, die entweder schon längst auf dem Wege waren oder reif für die ersten Schritte auf diesem Gebiet.

Das war die angenehme Seite der Medaille.

Die weniger angenehme waren die Berge von Briefen, die über mich hereinbrachen, angefüllt mit Fragen, Beratungswünschen und Berichten von eigenen Erlebnissen.

Nach dem Motto: Lieber ganz als nur fragmentarisch, habe ich mir nach dem fünfzigsten Brief gesagt, daß es wenig Sinn hat, fünfzigmal dasselbe in einzelnen Briefen niederzuschreiben. Deshalb habe ich nach schweren Kämpfen gegen meine Abneigung bezüglich jeglicher Tätigkeiten an Schreibmaschinen beschlossen, alle Fragen, sprich, alles, was in meinem ersten »Kontakte«-Buch nicht ausgeführt ist, in diesem Nachfolgeband nun »nachzuliefern«.

Manche Ideen, die mir seit langem geläufig waren, müssen zum Beispiel eingehender erklärt werden, da ich von meinen Lesern erfahren habe, daß durch meine selbstverständliche Verwendung von Begriffen manchmal Stolpersteine entstanden sind.

Erstaunt und erfreut war ich über das große Interesse an den rein geistigen Mitteilungen, die ich aus der unsichtbaren Welt, und vor allem von Rudolf Steiner erhalten habe, wobei die Fragen sich vor allem auf die Bildung und die Form der »Gruppen« konzentriert haben.

Ich habe alle meine Mitschriften und Unterlagen ausgegraben und erarbeite dieses Buch fast ausschließlich auf diesen Grundlagen. Manche Mitteilungen, die ich bekommen habe, mußte ich durch Literatur vervollkommnen, vor allem was die Genetik und das menschliche Gehirn betrifft. Die diesbezüglichen Literaturangaben finden Sie, wie immer, am Ende des Buches, wobei ich darauf geachtet habe, daß es sich um allgemein verständliche und gut lesbare Bücher handelt.

Grundsätzlich aber möchte ich kein Geheimnis daraus machen, daß es mir primär um die Erweiterung Ihres Bewußtseins geht und nicht um das spektakuläre Veröffentlichen von »Botschaften aus der Vierten Dimension«. Denn alle Existenz von jenseitigen Geistenergien hilft uns relativ wenig, wenn wir sie nicht empfangen und umsetzen können.

In den Briefen, die mich erreicht haben, sind meterweise Schutzengel-Geschichten enthalten, mit denen ich mühelos ein weiteres Buch füllen könnte und die auch sicher äußerst unterhaltsam sind, jedoch habe ich mich entschlossen, nur in einigen Fällen auf Berichte dieser Art zurückzugreifen, weil ich glaube, daß der Lerneffekt, der durch das reine Geschichtenerzählen erreicht wird, durchaus gesteigert werden kann, wenn man mit den *Ergebnissen* weiterarbeitet. Ich überlasse also diesen Teil der Berichterstattung meinem lieben Freund Rainer Holbe, der, wie ich von ihm gehört habe, mit einem noch in diesem Jahr erscheinenden Werk diesbezügliche Interessen befriedigen will.

Zu den Mitteilungen und Anweisungen, die ich bekommen habe, gibt es natürlich ergänzende Erläuterungen und auch eigene Überlegungen. Diese sind unschwer an den persönlichen Formulierungen zu erkennen.

Es wird in diesem Buch auch ein Thema enthalten sein, das gewiß so manchem von Ihnen ein gequältes Seufzen entlocken wird: Extraterrestrier, oder auf gut Deutsch gesagt, außerirdische Besucher. Ich beschäftige mich schon sehr lange mit diesen Phänomenen, aber eigentlich immer auch mit dem Gedanken, ob hinter allen diesen Beobachtungen, Entführungen und UFO-Erscheinungen nicht doch eine kollektive Wahnidee versteckt sein könnte. Aber dann hatte ich eines Tages das wirkliche Vergnügen, einen mit ganz ausgezeichnetem Fotomaterial untermauerten Vortrag zu hören, der meine bis dahin gehütete Meinung gehörig ins Wanken brachte. Doch davon werde ich ein bißchen später detailliert berichten. Ich kann aber eines schon vorwegnehmen: Es könnte sein, daß wir uns an den Gedanken gewöhnen müssen, daß unsere hilfreichen Schutzgeister nicht nur aus der Vierten Dimension, sondern vielleicht auch aus dem Hyperraum kommen könnten.

Über hundertmal ist an mich die Frage gestellt worden, wie ich denn auf die Idee gekommen sei, ein Buch über Kontakte mit Schutzgeistern zu schreiben.

Diese Frage ist von allen an mich gestellten am leichtesten zu beantworten: es war nicht meine Idee. Bei einer Esoterikausstellung in München sprach ich vor zwei Jahren über Reinkarnation und Karma und kam im Rahmen dieser Themen auch auf jenseitige Geistenergien zu sprechen. Die Steigerung des allgemeinen Interesses innerhalb weniger Minuten war beinahe körperlich zu spüren. Am Schluß kam ein Ehepaar zu mir und fragte, ob ich nicht mal einen Vortrag *nur* über dieses Thema halten könne, und sofort schlossen sich dieser Anfrage mehrere Hörer an. Damals sagte ich, daß ich mich diesem Thema noch nicht gewachsen sähe und mich erst eingehender damit auseinandersetzen müsse. Aber ich ging nach Hause und merkte, daß mir da eine Saat ins Schreiberherz gesetzt worden war, die von Tag zu Tag immer mehr zu keimen begann und mich immer mehr drängte, mich hinzusetzen und an dem Thema zu arbeiten. Und so fing ich, fing es an.....

Ich hatte mir keine Sekunde Gedanken über die »Aktualität« des Stoffes gemacht, nach dem Motto: Was ist denn am esoterischen Büchermarkt noch nicht ausgereizt? Sondern ich schrieb im Grunde eigentlich auf Anfrage und auf meinen eigenen inneren Drang hin. Ich dachte mir, daß sich außer den paar Vortragsbesuchern sicher auch noch einige andere Menschen für diese Dinge interessieren könnten, aber ich hätte nie gedacht, daß sich »die einigen anderen« als Tausende entpuppen würden. Langsam kommt mir eine Ahnung, was Steiner eventuell gemeint haben könnte, als er sagte: »Du sollst beitragen, die Gruppe zu sammeln.«

In verschiedenen Briefen haben mir Leute auch Unterlagen zugeschickt, die Niederschriften von Jenseitskontakten auch aus der Zeit 1973-75 enthielten. Sie taten es deshalb, weil sie ebenfalls mit Rudolf Steiner oder mit nichtinkarnierten Mitgliedern seiner Gruppe gesprochen hatten, wobei ihnen, manchmal sogar wörtlich, dieselben Mitteilungen gemacht worden waren wie mir. Es ist auffallend (oder logisch?), daß sich, über Deutschland verstreut, richtige »Nester« bildeten, wobei weiterhin bemerkenswert ist, daß die Kontaktnehmer nur in höchst vereinzelten Fällen voneinander wußten. Wahrscheinlich ging es ihnen genau wie mir: Ich kam gar nicht auf die Idee, daß dieses Wunder auch noch jemandem in der allernächsten Nachbarschaft widerfahren könnte.

Alle, die mit ähnlichen okkulten Dingen in Berührung gekommen sind, werden mir bestätigen können, daß man vor allem am Anfang so fasziniert und überwältigt ist, daß man an alles andere denkt, als das Erlebte in die Welt hinauszuposaunen. Je klarer und feingeistiger der Kontakt sich gestaltet, umso mehr hat man das Gefühl, man müsse das Mitgeteilte hüten und bewahren.

Ich war mir immer sicher, daß die Zeit gesetzmäßig in einer absehbaren Spanne reif sein würde für das Wissen, das mir vermittelt worden war, und das ständig wachsende Interesse spricht für die Richtigkeit dieser Annahme.

Von Zeit zu Zeit bin ich auch auf sogenannte Kongresse eingeladen worden und habe mit Unbehagen, ja oft auch mit Beschämung miterleben müssen, wie die »Erleuchteten« gegenseitig übereinander herzogen, wobei jeder für sich in Anspruch nahm, daß er der einzige und wahre Verkünder der einzigen und ewigen Wahrheit sei und alle anderen »arme Fehlgeleitete« und vom »Satan Mißbrauchte« wären. Besondere Blüten treibt diese Geisteshaltung in den Kreisen, die glauben, mit dem »Chef der Raumfahrtsflotte, genannt Ashtar« Kontakt zu haben. Wäre es nicht so traurig mitanzusehen, wie Menschen, die doch bemüht sind, jeder auf seine Weise eine Bewußtseinserweiterung zu erlangen, sich gegenseitig das Leben schwermachen, so könnte man fast über die gegenseitigen Anfeindungen lachen.

Die ganze Misere rührt meiner Meinung nach aus der Folgerung, die besagt, daß jeder, der es schafft, Kontakt mit Außerirdischen welcher Art auch immer herzustellen, ein Privilegierter sei. Diese Annahme ist genauso hochmütig wie die Überzeugung, daß Akademiker die besseren Menschen in unserer Gesellschaft seien.

Die Kontaktaufnahme mit Jenseitigen steht *jedem* offen, und es ist nur eine Frage der Reife und der Bereitschaft, ob er diese Möglichkeit in Anspruch nehmen will oder nicht. Die Fähigkeit dazu schlummert in uns allen. Sich darüber zu streiten, ob die Kontakt-Ergebnisse des Herrn X. wertvoller sind als die der Frau Y, weil ja Herr X. nur mit »guten Geistern« verkehrt, ist genauso müßig wie die Diskussion, ob der Lehrer X. an der Einstein-Schule besser ist als Herr Professor Y. am Schiller-Gymnasium.

Es ist eine Tatsache, daß wir alle zu gegebener Zeit das »Abitur« machen müssen und daß jeder die freie Wahl hat, wie er diesen Abschluß erreichen will. Viele Wege führen nach Rom, und der Erleuchtung ist es, wie es so schön heißt, völlig gleich, wie wir sie erlangen. Ich meine, wir sollten einander gegenüber ein bißchen toleranter sein, denn auch auf diesem Gebiet lautet eines der ersten Gebote »Liebe Deinen Nächsten«.

Ich werde später, in der themenbezogenen Aufteilung, noch näher auf die Frage eingehen, was gute und was böse Geister sind, wobei ich aber gleich vorausschicken möchte, daß sich mein Verhältnis zu den Polaritätsbegriffen etwas anders gestaltet als landläufig üblich. Wir sind durchaus in der Lage zu erkennen, mit wem wir es hier auf dieser Erde zu tun haben, wenn es sich um »gute« oder »böse« Mitmenschen handelt. Gesichter und Körpersprache, Stimme und Augen, Äußerungen und Handlungen von Menschen geben uns ein klares Bild von der Persönlichkeit, mit der wir es zu tun haben. Umso klarer, je mehr Erfahrungen wir im Umgang mit den Mitbewohnern unseres Heimatplaneten sammeln konnten und je mehr auch wir in der Lage waren, diese Erfahrungen bewußt zu speichern.

Genauso verhält es sich beim Umgang mit den unsichtbaren Wesenheiten: Wir müssen lernen, mit ihnen umzugehen, und wir müssen Erfahrungen sammeln, damit wir unterscheiden können, ob wir es mit jemandem zu tun haben, auf dessen Gegenwart und Umgang wir Wert legen, oder ob er uns eher unangenehm vorkommt und wir ihn aus diesem Eindruck heraus lieber meiden sollten. Nach wie vor gilt hüben wie drüben das Sprichwort »Gleich und gleich gesellt sich gern«, wobei wir uns aber davor hüten müssen, die üblichen Wertmaßstäbe anzulegen. Es muß durchaus nicht sein, daß die aus der unsichtbaren Dimension empfangenen Mitteilungen eines diesseitigen »Herrn Präsidenten« allein aufgrund seiner weltlichen Position von vornherein wertvoller und aussagekräftiger sind als die einer sogenannten »einfachen Hausfrau«. Es sind die innere Reife, die Qualität des Charakters, die Lernfähigkeit und die spirituelle Bereitschaft eines Menschen, die ihn auf diesem Gebiet qualifizieren, und nicht der äußere schöne Schein.

Bestes Beispiel dafür ist die Hamburger Hausfrau, die dem berühmten Hamburger UFO-Kreis angehörte, und eines Tages, nämlich genau am 4. Juli 1961, plötzlich Mitteilungen aus dem Weltraum erhielt, deren Quelle die, wie sie sich selbst bezeichneten, »Älteren Brüder« waren, Bewohner eines fernen Planeten. Diese Aufzeichungen sind als »Blaue Hefte« gesammelt und auch verlegt worden und leider viel zu wenig bekannt. Denn diese Niederschriften sind von hohem spirituellen Wert und von einer wohltuenden allgemeinen Verständlichkeit, und ich behaupte, daß die Lektüre dieser Schriften eine Veredelung der Denkungsweise herbeiführt, wenn der Leser gewillt ist, das Geschriebene auch wirklich aufzunehmen.

Ebenso wie ich in meinen Büchern erhebt auch diese Dame in ihren Schriften keinen Anspruch auf den Nobelpreis in Literatur. Es wird auch keine positive Kritik von Herrn Reich-Ranicki erwartet. Hier geht es um Vermittlung von Gedankengut oder, wie ich schon in meinem letzten Buch ausdrücklich betont habe, um Denkmodelle, die auch für andere von Interesse und Wert sein könnten.

Und noch etwas möchte ich hier ein für allemal klären: Ich bin weder ein Guru noch eine Erleuchtete. Ich habe mich nur ein bißchen länger mit den esoterischen Themen und Lehren beschäftigt als die meisten. Es geht mir wie der berühmten Gesangslehrerin, die zwar sehr gut unterrichten konnte, deren eigener Gesang jedoch nicht unbedingt als Ohrenweide zu bezeichnen war. Ich lebe so, wie alle anderen auch: man bemüht sich, fällt, steht wieder auf, gewinnt, freut sich, fällt wieder auf die Nase, und lernt, lernt, lernt.....

A propos Privilegierte: In letzter Zeit hörte man viel über Atlantis und seine momentan in bemerkenswerter Anzahl wiedergeborenen Bewohner. Diese Theorie wäre schön und gut, wenn sie nicht höchst eigenartige Auswüchse bekäme. Denn es wird so dargestellt, als ob es etwas ganz Besonderes wäre, Atlantier (oder Atlantide) gewesen zu sein. Allen Leuten, die sich in dieser Vorstellung gesonnt haben, muß ich hier leider diesen schönen Zahn ziehen, denn die Atlantier gehörten zu den Wurzelrassen der Menschheit, und es wäre eher etwas Besonderes, nachweislich *niemals* dieser Rasse angehört zu haben als umgekehrt.

Ich werde über Atlantis und seine Bewohner

ebenfalls ausführlicher berichten, möchte aber diesen Punkt schon vorher geklärt wissen.

Es hört sich nämlich allmählich so an, als ob alle zwischen dem Jahr 1940 und heute Geborenen, die im Besitze einer hellen Haut, heller Augen und roter bis weißblonder Haare sind, die einzigen und wahren wiedergeborenen Atlantier und damit etwas ganz Besonderes darstellen würden. Atlantier wurden und werden immer wieder geboren werden, interessant wird die Sache erst dann, wenn die Mischungen aus der atlantidischen Zeit sich wieder inkarnieren, denn diese Leute waren diejenigen, die schon damals das *logische* Denken beherrschten, und zwar auf der Basis einer tiefen Verbundenheit mit den Gesetzen dieser Erde und den Gesetzen des Kosmos. Die Ur-Atlantier waren nämlich reine Gedächtnis-Denker, standen also auf einer Entwicklungsstufe, die den heutigen Verwendungsmöglichkeiten des Gehirns weit unterlegen waren. Die »Macher« auf Atlantis waren demgegenüber die Eingeweihten, die von den Urstämmigen wie Götter verehrt wurden, als deren Abkömmlinge man sie verstand. Die Inkarnationen dieser Eingeweihten und ihrer direkten Nachfahren – das sind die wahren Privilegierten. Und diese haben auch ein gemeinsames Merkmal, über das auch alle, die damit zu tun haben, Bescheid wissen. Deshalb ist es auch unnötig, darüber zu reden, denn – wem würde es nützen? Man würde wieder anfangen zu denken, daß diese Leute etwas ganz Besonderes wären, was sie in Wirklichkeit aber erst dann sind, wenn sie ihre Fähigkeiten, die das Privileg ausmachen, zur vollen Entfaltung gebracht haben und zum Wohle der Menschen einsetzen.

Sie sehen also, daß das Wort »Privileg« nur ein Synonym für Pflichtbewußtsein, Demut, Nächstenliebe und Verantwortungsbewußtsein ist. Und wie ich, wie es so schön heißt, aus zuverlässiger Quelle gehört habe, ist in dieser Interessengemeinschaft jeder willkommen, der sich der harten Schule der Veredelung und Bewußtseinserweiterung zum Wohle der Allgemeinheit unterziehen will. Also, an die Arbeit und »welcome to the club«! Atlantis sind *wir*!

Ich habe mir lange überlegt, wie ich dem Fragenkatalag der Leser und Briefeschreiber am besten zu Leibe rücken könnte, und habe dann beschlossen, thematisch geordnet zu arbeiten. Damit haben Sie die Möglichkeit, sich nach Belieben das Gebiet herauszusuchen, das Sie momentan am meisten interessiert und sind nicht gezwungen, das Buch von vorn bis hinten kontinuierlich durchzuackern. Sie werden auch beim Wieder- oder Nachlesen (hoffentlich!) Gesuchtes leichter finden.

Einige Informanten haben sich mit Namen zu

erkennen gegeben, wogegen andere Mitteiler es vorgezogen haben, namenlos zu bleiben, sich aber als der »Gruppe« zugehörig erklärten und bisweilen in so erheblichem Maße zur Klärung mancher Fragen beigetragen haben, daß ich, wo es mir angebracht schien, von meiner Gewohnheit abgewichen bin, grundsätzlich nur mit Wesenheiten zu sprechen, die sich mir namentlich manifestieren.

Da mein Hauptinformant noch nicht allzu lange tot ist und somit alle seine Angelegenheiten noch unter das Copyright fallen, gebe ich ihn namentlich nicht an, da ich nicht dasselbe Schicksal erleiden möchte wie das österreichische Ehepaar Coudris, das Mitteilungen von C. G. Jung erhielt, sie veröffentlichte und prompt Schwierigkeiten mit den Inhabern der Verlagsrechte bekam. Ich glaube jedoch nicht, daß die Fachleute unter Ihnen Schwierigkeiten haben könnten, das Geschriebene richtig zuzuordnen. Wichtig ist eigentlich nur, ob Ihre innere Stimme das Gesagte akzeptiert, denn im Grunde tragen wir alle das universelle Wissen und die Antworten auf alle Fragen tief in uns drinnen. Es ist nicht nötig, Wissen zu etikettieren und durch superbe Namen zu rechtfertigen.

Ich habe die Durchsagen natürlich sprachlich vervollkommnet, da die Protokolle im Frage- und Antwort-Wechsel, in dem sie auch stattgefunden haben, niedergelegt sind, was ich Ihnen gerne ersparen möchte, da die meisten Kontakte zu einer Zeit stattgefunden haben, in der mein theoretisches Wissen noch nicht so ausgebildet war, und ich manchmal recht verständnislos herumgefragt habe, bis ich endlich begriff, was gemeint war. Das Quintessentielle der Durchsagen ist aber strikt beibehalten und ebenso die DU-Form, in der ich immer angesprochen wurde.

So, und bevor es jetzt los geht, möchte ich mich noch bei all denen bedanken, die mir geholfen haben. Wildfremde Menschen haben mir die rührendsten, aufmunterndsten Briefe geschrieben, haben mich bestärkt, angefeuert und mir ihre Verbundenheit bestätigt. Aber auch mein enger Freundeskreis, wozu ich auch meine familiäre Umgebung zähle, hat mir auf verschiedenartigste Weise den Rücken gestärkt. Danke, Euch allen.

Die erste Durchsage, 1971

Mein liebes Kind, Du wirst es nicht leicht haben,
denn Du wirst oben sein und unten sein,
und Du darfst durch diese Prüfungen den
Glauben nicht verlieren, das Wissen
nicht verleugnen.
Vergiß nie, wir sind bei Dir und Du bist uns immer
angeschlossen und verbunden.
Wir sind eine hohe energetische Macht
und Du kommst aus uns.
Also habe keine Angst, denn das ist das einzige,
was unsere Verbindung stören und sogar
unterbrechen kann.
Sei fröhlich und fürchte Dich nicht,
wir sind bei Dir.

DIE GRUPPE

Du hast mich gefragt, was ich meine, wenn ich sage »unsere Gruppe«. Ich habe dir gesagt, daß ich der Gruppenherr bin.

Das heißt, daß ich in dem Energie-Konglomerat einen Anteil am Potential habe, der es mir ermöglicht, in angemessenem Umfang auf die Entwicklung der ganzen Energieform Einfluß zu nehmen. Dies ist das Ergebnis eines über viele Jahrtausende erfolgten Reifeprozesses.

Es ist ein Fehler anzunehmen, daß alle auf Eurem Planeten inkarnierten Menschen demselben Energiepotential entstammen.

Es gibt so viele Vorgeschichten wie Fingerabdrücke. Manche von Euch waren schon oft auf dem Planeten, den Ihr Erde nennt, andere sind zum erstenmal dort beheimatet, während wiederum einige freiwillig Gast Eurer weltlichen Existentia sind. Schon daraus muß sich ergeben, daß es verschiedene energetische Zugehörigkeiten gibt, die Du auch mit geistig-seelischen Schwingungen gleichsetzen kannst.

Das heißt nun nicht, daß alle, die dem gleichen Potential entstammen, auf dem gleichen Wissensstand sind oder der gleichen Meinung. Aber sie fühlen, wenn sie aufeinandertreffen, eine unerklärliche Verbundenheit. Diese muß nun nicht in jedem Fall zu Freundschaft oder liebevoller Vertrautheit führen, aber sie stärkt auf unmerkliche Weise das Gemeinschaftsgefühl, ein überaus wichtiger sozialer Faktor.

Nicht jeder, zu dem Du Dich hingezogen fühlst, ist nun gleich als Mitglied Deiner Gruppe zu klassifizieren. Es gibt viele Gruppen, die sich in ihren Schwingungen sehr ähnlich sind, Du würdest sagen: sie sind miteinander befreundet.

In diesen Gruppen herrscht eine hierarchische Ordnung, die aus der Reife, aber auch aus den Verwendungsmöglichkeiten ihrer Mitglieder resultiert.

Leider ist es mir unmöglich, Dir so manche Begriffe aus unserer Dimension zu erklären, da wir nicht der Materie unterworfen sind, also auch keine Sprache in Deiner Verständlichkeit pflegen und natürlich auch Eurer Zeitbegriffe entbunden, Du könntest auch sagen, von ihnen erlöst sind.

Wir benötigen keine Zeit, da wir, wie ich schon sagte, nicht an Materie gebunden sind.

Du begreifst es vielleicht am besten, wenn Du Dir die Zeit wie eine riesige Spirale vorstellst, die sich in ständiger Rotation befindet. Ist Dein Standort im äußeren Bereich, so wirst Du die Bewegung der Spirale ganz stark wahrnehmen, befindest Du Dich aber im Mittelpunkt, so merkst Du zwar, daß sich irgendwo etwas bewegt, aber es betrifft Dich selbst nicht. So gesehen bist Du im Außenbezirk und ich im Ruhepol in der Mitte.

Niemals sind alle Mitglieder einer Gruppe gleichzeitig inkarniert oder im Immateriellen be-

findlich.

Momentan sind von unserer Gruppe 318 Mitglieder auf dem Planeten Erde als Menschen eingeboren. Doch diese Zahl bewegt sich natürlich täglich nach oben oder nach unten. Neu-Geborene gesellen sich dazu, und Heimkehrer verlassen den Gast- und Schulplaneten Erde.

Ja, es gäbe Möglichkeiten, Gruppenmitglieder und ihre Zusammengehörigkeit festzustellen. Die eine Möglichkeit ist das vollendete Lesen eines astrologischen Kosmogramms, die andere Möglichkeit würde sich aus der Aufschlüsselung des individuellen genetischen Codex, der Helix, ergeben. Doch das ist ein Geheimnis, das noch lange nicht entschlüsselt werden und leider wieder über den Weg des Mißbrauchs entdeckt werden wird.

Der Mißbrauch besteht in der Mißachtung der universellen Gesetze. In zehn Jahren wirst Du, was ich heute sage, besser verstehen, vor allem, wenn Du Dich etwas mit dem Thema Genetik beschäftigst.

Nicht alle Mitglieder der Gruppe sind dazu inkarniert, Dir das Leben rein äußerlich gesehen leichter zu machen. Mit vielen von ihnen verbindet Dich ein persönliches Schicksal, auch Karma, und so wird Dein Zusammentreffen mit den Gruppenzugehörigen nicht immer freudvoll, jedoch immer von einem gewissen Lehrwert sein.

Natürlich heiraten auch Gruppenmitglieder in

ihrer erdischen Inkarnation des öfteren. Aber das ist nicht die Regel. Sicher wäre das sehr einfach für alle Beteiligten, aber Du vergißt den freien Willen.

Jede Partnerwahl ist auch eine Prüfung. Das hast Du schon gemerkt und wirst es in Zukunft noch viel mehr merken (mein Gott, wie recht er hatte!).

Aber Du hast ja treue Freunde an Deiner Seite, die alle aus unserer Gruppe stammen und die Dir in Deiner Entwicklung zur Seite stehen werden.

Selbstverständlich können Eltern Kinder bekommen, die aus einer anderen Gruppe stammen als der Vater oder die Mutter, deren Gruppenzugehörigkeit untereinander ja auch meistens verschieden ist. Da wirken ganz andere, höhere Gesetze. Eine Seele, egal aus welcher Gruppe sie stammt, sucht sich ihre Eltern nur nach Kriterien aus, die ihre Möglichkeiten der Verwirklichung auf geistigem, seelischem und körperlichem Gebiet optimal gewährleisten. Die eigene Zugehörigkeit bleibt durch Geburt unverändert.

Ja, es kann geschehen, daß die Zugehörigkeit geändert wird, das heißt, daß die Gruppe gewechselt wird. Auch dies hat mit dem freien Willen zu tun.

Jede Gruppe hat eine Grundschwingung, vielleicht verstehst Du es besser, wenn ich sage, daß jede Gruppe an ihre Mitglieder Mindestforderungen stellt. Werden diese durch eine negative Ent-

wicklung unterschritten, kann es geschehen, daß der Wechsel in eine Gruppe stattfindet, die der neu entstandenen Schwingung besser entspricht. Das ist keine Strafe, nur eine selbstverständliche eigenverantwortliche Auslösung.

Es kann auch geschehen, daß die hierarchische Spitze in einer Gruppe expandiert und sich dadurch selbst herauslöst. Sie bildet dann wiederum eine neue Gruppe, die im Energiepotential wesentlich dichter ist als die Konzentration der Gruppe, aus der sie hervorgegangen ist. Auch dies ist eine Form von, wie Ihr sagen würdet, Evolution.

Ich bin nicht der einzige Gruppenherr in unserer Gemeinschaft. Das Wort Gruppenherr ist auch Deinem Sprachgebrauch sehr angepaßt. Ja, wenn Du willst, ist es ähnlich einem Minister in Eurem politischen System. Wenn Du Dich aufgrund Deines bildhaften Gedächtnisdenkens nicht immer gegen das naturwissenschaftliche Verständnis in Form von Chemie und Physik so vehement gewehrt hättest (Das ist sehr milde ausgedrückt. Ich war die Katastrophe der Schule!) dann wärst Du jetzt in der Lage, über Erklärungen dieser Art eine vollkommenere Begrifflichkeit des Gruppenaufbaus und meiner Stellung darin zu erhalten.

Denn was außen ist, ist innen, was im Großen ist, ist auch im Kleinsten, und alles Unsichtbare hat auch eine Entsprechung im Sichtbaren. Das Gesetz der universellen Energie wirkt überall.

Jede Gruppe hat ein Wissens- und Reifepotential, das Du in Anspruch nehmen kannst, wenn Du aufnahmefähig bist. Je mehr Du Dein Bewußtsein schulst und ausbildest, desto fähiger wirst Du, Dich in dieses Potential einzuklinken. Je mehr Du die Idealschwingung der Gruppe erreichst, desto perfekter kann die Kommunikation ablaufen.

Ein Hilfsmittel ist zum Beispiel die Meditation. Wichtig ist auch, daß Du Deine Chakras in Harmonie und Ordnung bringst und in Ordnung erhältst.

Es gehört zum Reifeprozeß, die Energie, die durch Deinen Körper fließt, in die richtigen Bahnen zu lenken und richtig zu verwerten und einzusetzen.

Natürlich hat das auch mit Gefühlen zu tun.

Eine der wichtigsten Verbindungsleitungen zu uns, Deiner Gruppe, ist das Gefühl der Liebe. Und zwar nicht die individuelle, sondern die generelle Liebe, die universelle, die Nächstenliebe. Solange Du Gefühle des Hasses, der Rache, des Neides und der Mißgunst in Dir nährst, störst Du den Energiefluß von uns zu Dir empfindlich.

Kontrolliere Dich täglich.

Natürlich kannst Du nicht alle Menschen von heute auf morgen pauschal lieben, aber versuche sie doch erst einmal zu verstehen. Vielleicht fällt es Dir dann leichter, tolerant zu sein.

Denke immer daran, daß wir Dich sehr lieben

und Dir täglich Schwingungen der Liebe übermitteln.

Du brauchst eigentlich nichts weiter zu tun, als sie zu empfinden, also sie zu erkennen, und sie weiterzugeben.

Leider gibt es auch feindliche Gruppen.

Das sind Gruppen, die sich dunklen Mächten angeschlossen haben und die immer wieder versuchen, Mitgliedern der Gruppen, die nach dem Licht streben, zu schaden und sie auf ihre Seite zu ziehen.

Aus diesen Reihen kommen auch die Versucher. Nicht die liebevollen Prüfer, über die wir schon einmal gesprochen haben (darauf werde ich im Kapitel über Engel, Schutz-, Natur- und Hilfsgeister zu sprechen kommen), sondern Versucher, die ihre Freude daran haben, Menschen straucheln und verzweifeln zu sehen.

Veredle Deinen Charakter durch Kontrolle Deiner Gedanken und Taten. Das ist der beste Schutz gegen diese Wesenheiten. Ein beharrlich nach dem Licht strebender Mensch ist ihnen ein Greuel.

Diese Wesenheiten sind auch inkarniert. Sie sind oft von blendender Erscheinung und brillantem, funkelndem Geist. Oft befinden sie sich in exponierter Stellung in Kultur, Wirtschaft, Wissenschaft und Politik. Oft werden sie von höchsten Entitäten ganz bewußt zur Prüfung ganzer Völker benützt. Das Gefährliche ist, daß sie oft die edel-

sten Grundideen der Menschheit in mißbräuchlichster Weise für sich verwenden, oft sogar als unbewußte Werkzeuge einer höheren dunklen Macht.

Denk an Hitler.

Es liegt an Euch, ob Ihr noch einmal versagt. Ihr müßt Euch über Eure Zugehörigkeit klarwerden.

Pflege den Kontakt zu Deiner Gruppe, ich habe Dir bereits angedeutet, wie.

Die Gruppe muß sich nun langsam sammeln und sich mit Mitgliedern befreundeter Gruppen zusammenschließen.

Jeder von Euch muß dazu beitragen.

Es ist das Wort, das das Erkennen der Zugehörigkeit bringt. Wenn Du Sprachrohr der Wahrheit bist, wird sich das Sammeln von selbst ergeben.

Wir wissen, daß Du weit davon entfernt bist, vollkommen zu sein, aber wir sind ja bei Dir, um Dir zu helfen und beizustehen.

Also, fürchte Dich nicht. Liebe!

Alle diese Durchsagen kamen, wie ich schon vorher andeutete, nicht so flüssig und verständlich hintereinander und natürlich auch nicht an einem Abend. Aus den vielen Fragmenten, die ich alle aufgehoben habe, ergibt sich jedoch genau der zuvor wiedergegebene Inhalt.

Ich habe mir in den Jahren danach die Aufzeichnungen immer mal wieder hervorgeholt, durchgelesen und mit zunehmender Reife immer besser verstanden.

Manche Anschlußfragen habe ich erst wesentlich später versucht zu hinterfragen, wobei zu diesen Zeitpunkten der Informant ein erst vor kürzerer Zeit verstorbener, spirituell sehr hochstehender östlicher Politiker war, der sich als mein Vater aus meiner englischen Inkarnation vorstellte.

Viele der Durchsagen gestalteten sich zu dieser Zeit, also in den achtziger Jahren, oft so, daß ich die Information direkt ins »Hirn« geliefert bekam, nachfragte und erst nach Bestätigung, manchmal auch jenseitiger Korrektur oder Verbesserung niederschrieb. So geschah es auch mit den eigenen Überlegungen und Folgerungen.

Natürlich sind viele Fragen auch offen geblieben oder nicht so klar beantwortet worden, daß ich es wagen würde, meine Schlußfolgerungen nun als vollendete Durchsagen hier anzubieten.

So fragte ich einmal: »Wie wird man denn Mitglied einer Gruppe?« Als Antwort erhielt ich: »Zugehörigkeit entsteht durch freien Willen.« Ich möchte das so interpretieren, daß die energetischen Schwingungen einer Gruppe auf gewisse Existenzen anziehend oder abstoßend wirken. Genauso wie wir auf der Erde die Möglichkeit haben, uns verschiedensten Strömungen anzuschließen, scheint auch im Jenseits das Gesetz des »Gleich und Gleich gesellt sich gern« zu wirken.

Zweifellos werden jedoch Gruppenzugehörige in verschiedensten Formen und auf verschiedensten Planeten inkarniert, und zwar nicht nur zum Zwecke der eigenen Weiterentwicklung, sondern auch, um das Wissens- und Erfahrungspotential der gesamten Gruppe anzuheben.

Ich weiß das aus dem Umstand heraus zu deuten, daß ich bei entsprechender Gelegenheit einmal ziemlich scharf belehrt wurde, als ich kurz an vorzeitiges Abdanken dachte. Es wurde mir gesagt, daß eine solche Entscheidung meinerseits die »Qualität der ganzen Gruppe mindern würde«. Wenn man über diese Aussage länger nachdenkt, bekommt das Wort »Verantwortung« einen beinahe bedrohlichen Beigeschmack, denn dann hat alles, aber auch wirklich alles, was ich tue und denke, einen direkten und sofort erkennbaren Einfluß auf eine nahestehende Gemeinschaft.

Unter diesem Aspekt bekommt das sogenannte positive Denken einen ganz anderen, nämlich gemeinnützigen Anstrich.

Wenn einer der Gruppenherren wechselt, sei es aus Gründen der Weiterentwicklung oder auch der Reinkarnation, ist die Veränderung in der Gruppe spürbar, was ich auch selbst erlebt (erfühlt) habe.

Als mein Gruppenherr 1976 anfing, sich auf seine Wiedergeburt vorzubereiten, war schon in dieser Vorbereitungszeit ein Wechsel, ja lassen Sie mich ruhig sagen, des Umgangstones zu verspüren. Er wurde strenger. Nicht weniger gütig, aber von strenger Güte. Es steht mir zwar keine Kritik zu, aber als besonders hilfreich habe ich diese Veränderung vor allem in meiner damaligen Lebenslage nicht empfunden. Ich hatte das Gefühl, mein neuer Gruppenherr sei jemand, der schon länger keine Inkarnation auf dieser Erde mehr durchgemacht hatte. Alles drehte sich nur mehr um geistige Expansion und geistige Entwicklung (nicht mehr Entwickelung) und geistige Reife. Meine schüchternen Einwände, daß ich hier nicht nur als Geist, sondern auch als Körper mit all seinen Bedürfnissen zu existieren habe, wurden geradezu ignoriert, was sich aber wiederum schlagartig änderte, als mein »englischer Vater« auftauchte.

Keiner kann mir erzählen, daß diese Gruppenherren vollkommen und allwissend sind. Manchmal kam es mir tatsächlich so vor wie in der Politik: nicht immer ist der, welcher an der Spitze sitzt, das non plus ultra. Manchmal ist anscheinend auch im Jenseits das Angebot ein bißchen mager. Vor allem, wenn sich hohe Entitäten aus ihren Gruppen lösen, um freiwillig zu inkarnieren. So hilfreich und segensvoll sie dann auf materieller Ebene auch agieren mögen – es sei mir die Bemerkung gestattet, daß es mir manchmal lieber wäre, die edlen Meister würden »drüben« bleiben

So edel kann ein Meister gar nicht sein, daß die Menschen es nicht schaffen würden, mit seiner Hinterlassenschaft doch noch Schindluder zu treiben.

Das beste Beispiel ist Jesus Christus. Wenn ich mir überlege, was die Botschaft dieses Giganten war und was sich gewisse Institutionen erfrecht haben, daraus zu machen, um ihr Schäfchen über unseres Christus Botschaft ins Trockene zu bringen, könnte ich heute noch täglich die Wand hinaufgehen.

Ob man Herrn Qualtinger mochte oder nicht, (ich mochte ihn sehr), manchmal, oder besser, des öfteren sagte er wirklich umwerfend kluge Dinge, wie zum Beispiel bei einer Lesung in Hamburg, als er schwitzend vor Engagement von sich gab: »Wer an Gott glaubt, braucht ka Religion.« (Bei manchen Aussagen wirkt das Wiener Idiom durchaus unterstützend, so habe ich es belassen). Je länger man über diesen, im ersten Moment so simpel scheinenden Satz nachdenkt, desto gewaltiger wird seine Aussage und sein Wahrheitsgehalt, nach dem Motto: »Hat Gott *das* nötig, was wir so unter Religion verstehen?«

Obwohl ich Unterlagen habe, werde ich auf dieses Thema nur andeutungsweise im Kapitel »Das Gebet« eingehen, und ich gebe auch zu, warum: ich bin zu feige. Denn was in meinen Niederschriften über religiöse Organisationen zu lesen ist, und zwar im Rundumschlag, war selbst für mich, die ich, wie sich langsam herumgesprochen hat, kein Freund solcher Institutionen bin, von schärfstem Kaliber. Ich möchte lieber warten, bis die Zeit noch ein bißchen reifer geworden ist und die Dinge noch ein bißchen offensichtlicher. Dann werde ich mit größtem Vergnügen auch diese Unterlagen herausgeben.

Doch lassen Sie uns jetzt zu einem Thema kommen, das unser Interesse noch viel mehr in Anspruch nehmen sollte.

DAS ICH, DAS DU (AL), DIE GEMEINSCHAFT UND DIE VOLLKOMMENHEIT

Du bist aus dem Allwissen entstanden, und Du kehrst ins Allwissen zurück.

Das Allwissen ist in der Vollkommenheit, die Vollkommenheit ist allwissend.

Die Vollkommenheit ist der kosmische Ur-Kern, der alle Pläne des Universums enthält, das Ur-Wissen, aber auch die Sehnsucht nach noch größerer Vollkommenheit, denn alles, was existiert, kann sich sowohl vergrößern als auch verkleinern.

Die Vollkommenheit schließt den Plan der materiellen Schöpfung, aber auch das Inbild sämtlicher geistiger Formen ein.

So wie die kleinsten, Euch bekannten Teilchen sich verändern können, so kann sich auch die universelle Vollkommenheit verändern, jedoch nicht in ihrer Grundsubstanz, sondern in ihrer Form.

Ein Fehler ist es anzunehmen, daß Negatives schlecht und Positives gut ist. Beides sind ausgleichende Teile, die das Vollkommene ausmachen.

Die universelle Macht, die Ihr Gott nennt, besteht aus vielen Geistformen, aus positiven und negativen.

Durch die Fähigkeit, die Ihr mit dem Begriff Willensfreiheit bezeichnet, hat jedes Teil des universellen Ganzen die Möglichkeit, sich in jede gewünschte Richtung zu entwickeln.

Verliert es aber innerhalb dieser Entwicklung den ungetrübten Kontakt zum Ganzen oder auch zu seinem Gegenpol, was durch plankonträres Expandieren geschehen kann, so verliert es den Halt im Göttlichen und muß über Umwege wieder zurück in die Vollkommenheit finden. Ein Weg ist die materielle Inkarnation.

Jedes auch noch so kleine Teil trägt in sich den Plan davon, was es in der Vollkommenheit darstellen soll.

Vollkommenheit erzeugt wieder Vollkommenheit, denn ihr sind keine Grenzen gesetzt. Wäre es so, dann wäre die Vollkommenheit unvollkommen, weil sie nicht sehr willensfrei wäre.

Vollkommenheit heißt nicht, in sich zu erstarren.

Du, die Du aus dem Ur-Wissen stammst, bist nun wieder auf dem Weg dahin.

In Dir ist alles Wissen gespeichert. Aber Du kannst es nicht umsetzen, denn Du bist vorerst noch gebunden an Deinen Körper, der Dich auf einen bestimmten Punkt Deiner Entwicklung zwingt. Vorerst bist Du noch allein, ein Ich, ein Suchender, doch Du bist nicht mehr weit entfernt von Deiner Ergänzung, Deinem Dual, das Du verloren hast, als Du Dich von der Vollkommenheit löstest.

Der nächste Schritt, in der Gemeinschaft verantwortlich zu wirken, steht Dir bald bevor.

Doch zuerst mußt Du die Dual-Gemeinsamkeit

bewältigen und in Frieden in ihr leben, bevor Du Frieden in die Gemeinschaft bringen kannst.

Dein Dual triffst Du in dem Moment, in dem Du sein Bild klar vor Deinem geistigen Auge erstehen lassen kannst.

Dein Überbewußtsein hat dieses Bild nie verloren.

Erinnere Dich an Friedrich Rückert, wie er sagte:

In jedem ist ein Bild
Des, was er werden soll
Solang er das nicht ist,
Ist nicht sein Friede voll.

Du kannst auch ruhig sagen:

In jedem ist ein Bild
Dessen, den er lieben soll...

Dieses Bild ersteht erst klar vor Dir, wenn Du die Reife hast, es zu ertragen.

Vorerst wirst Du an Menschen geraten, die diesem Bild ähnlich sind, und manchmal wirst Du denken, Du seiest schon am Ziel. Werde nie ungeduldig, denn der Zeitpunkt ist nach weisestem Ratschluß gewählt.

Denke nie, daß mit der Findung Deines Duals eine Zeit der Ruhe gekommen ist, denn es ist in Wirklichkeit der Beginn einer neuen Ära Deiner Entwicklung, was immer mit viel Arbeit verbunden ist. Erkenne die Aufgabe und freue Dich an ihr.

Natürlich wirst Du Dein Dual wiedererkennen.

Zwischen Euch besteht eine tiefe, über Jahrtausende währende Verbundenheit, die nur durch Dein eigenes Fehlverhalten gestört werden könnte.

Es ist nur eine Frage Deiner Entwicklung, oder wie Ihr sagt, der Zeit.

Doch die eigentliche Aufgabe besteht darin, in der Gemeinschaft aufzugehen, dergestalt, daß das Ich nicht mehr zählt. Wenn Du das erreichst, dann bist Du reif für den weiteren Schritt, eine nicht erdische Inkarnation unter völlig verschiedenen physischen und psychischen Bedingungen.

Es würde Dir jetzt nichts nützen, Dir diese Inkarnationen genau zu beschreiben. Bewältige zuerst Deine jetzige Inkarnation. Sie ist die Voraussetzung für jede weitere Entwicklung.

Bis zum »Pausenzeichen« (––––––––––) ist die Durchsage ohne sprachliche Veränderung wiedergegeben. So wie sie hier steht, so habe ich sie bekommen, und zuerst nur andeutungsweise verstanden, weil es mein Gott-Bild sehr durcheinanderbrachte zu hören, daß der Höchste, den ich mir immer als eine allmächtige Einzelgestalt vorgestellt hatte, nun plötzlich ein aus vielschichtigen Geistenergien bestehendes Wesen sein sollte.

Die vielsagende Aufforderung meines ersten jenseitigen Tutors »Werde selbständig und unabhängig in Deinem Denken« kommt mir immer kostbarer vor, je älter ich werde und je mehr ich merke, daß mich Bücher und Lehrer, zumindest in Deutschland, kaum mehr weiterbringen können. Man wird mit dermaßen viel Blödsinn konfrontiert, der bei näherer Betrachtung nichts anderes ist als (Entschuldigung hüben und drüben) geistiger Schrott. Aber genau das ist es. Es gibt kein treffenderes Wort auf dieser Welt.

Im einfachsten Wort steckt oft die reinste Wahrheit, die vollkommenste Information. Hüten Sie sich vor Leuten, die dieses einfache Wort mißachten oder sich darüber mit ihrem eigenen ach so brillanten Geist meinen erheben zu müssen. Wenn ich mich recht erinnere, war die Bergpredigt auch nicht durchsetzt mit akademischen Begriffen und wissenschaftlichen Abhandlungen. Und zeige mir doch mal einer etwas Vollkommeneres!

Aber auch auf diesem Themengebiet muß man natürlich Erfahrung sammeln, seine Intuition schärfen und sein Beurteilungsvermögen fordern, bis man weiß, wo man beruhigt »Nein, Danke« sagen darf.

Übrigens, was die Sprache des ersten Teils der Durchsage angeht: zuerst habe ich mich furchtbar an den ständigen Wiederholungen bestimmter Begriffe gestört, deren Verwendung mir manchmal wie Wortspiele vorkamen, bis ich begriff, daß eben diese Worte und Wortkonstellationen dazu angetan sind, das Unterbewußtsein aufzuschlüsseln. Lesen Sie diesen Absatz ein paar Mal und in Ruhe, dann werden Sie, genau wie ich es tat, merken, was für ein Geheimnis hinter dieser etwas eigenartigen Sprachführung steckt.

Das Wort »Sprachführung« ist mir eine liebe und willkommene Überleitung zum nächsten Thema. Es handelt davon, wie man beten soll.

In meinem letzten Buch habe ich ein »Vater Unser« aufgeschrieben, das ich im Jahr 1974 diktiert bekommen habe.

Die Reaktion auf dieses »Vater Unser« war geradezu unglaublich. Nicht nur in Briefen, sondern auch bei Vorträgen. (Ich beende regelmäßig meine Ausführungen mit diesem Gebet). Manche Zuhörer fingen zu weinen an, andere berichteten von einem »warmen Gefühl im Magen«, andere verwenden es wie Aspirin – und es wirkt.

Zu meiner Schande muß ich bekennen, daß ich, als ich dieses Gebet geschenkt bekam, wieder einmal überhaupt nicht begriff, was mir da vermittelt worden war. Ich dachte mir nur: »Aha, ein etwas anderes Vater Unser«. Dem Zusatz »Die Macht liegt in der Verwendung der richtigen Worte« habe ich damals keine besondere Aufmerksamkeit gezollt, weil ich von Rhythmus-Magie so gut wie gar nichts verstand und deswegen auch den Hinweis nicht verstehen konnte. Die Stallaterne ging mir erst 1987 (!!) auf, als ich meine restlichen Mitteilungen über die Wirkung des gesprochenen Wortes noch einmal durchging.

DAS GEBET UND DAS WORT

Am Anfang war das Wort, und das Wort war bei Gott, und Gott war das Wort.

Wort ist Energie, ist Macht, ist fähig, alles, was der, der es verwendet verwenden kann, zu erzeugen.

Das Wort erzeugt Schwingungen, überträgt seine Energie auf seine Umgebung und breitet diese bis in die Unendlichkeit aus.

Deswegen überlege genau, was Du sprichst.

Je bewußter Du Worte verwendest, desto wirksamer werden sie sein. Kein Wort ist zufällig entstanden. Die Abfolge von Vokalen und Konsonanten hat einen Sinn und eine Wirkung.

Das beginnt bei der Verwendung des Wortes Gott. Es darf nie gedankenlos verwendet werden. Denn es beinhaltet konzentrierteste energetische Schwingungen, die immer, ich betone immer, wirksam werden.

Werde Dir auch darüber klar, was geschieht, wenn Du betest. Gewöhne Dir an, Deine Gebete in eigene Worte zu kleiden, denn sie geben Deine eigene und momentane Schwingung wieder und können Dich eher in die von Dir gewünschte und verwandte Energieform einbringen als auswendig Gelerntes.

Außerdem erleichtert das eigene Formen von Gebeten das innere Sammeln und das Darstellen von Bitten und Danksagungen.

Erinnere Dich, wie nutzlos Du das Beten von

sogenannten »Rosenkränzen« empfunden hast. Diese Empfindung war damals richtig. Es hätte nur genützt, wenn jemand in Deiner Dich lehrenden Umgebung begriffen hätte, daß das Erzeugen von immer wiederkehrenden Wortrhythmen ebenfalls eine Wirkung haben kann. Doch davon hat in Deiner Umgebung damals niemand etwas gewußt.

Das Herunterleiern von Gebeten ist absolut wirkungslos. Ein Gebet ist nur von Nutzen, wenn es tief empfunden ist.

Das gewaltigste Gebet, das es gibt, ist das »Vater Unser«. Werde Dir bei jedem Satz bewußt, was der tiefere Sinn dessen ist, was Du aussprichst.

»Vater Unser, Herrscher aller Himmel.«

Mit diesem Satz erklärst Du Dich einer hohen energetischen Macht zugehörig, die Du als Deinen Vater, als Deinen Schöpfer bezeichnest. Er hat nicht nur Dich geschaffen, sondern er ist Erschaffer und Herr des ganzen Universums. Und Du bist nach dem Plan dieses Universums erschaffen, das sich in Deiner kleinsten Zelle widerspiegelt.

»Dessen Name von allen in Ehrfurcht genannt wird.«

Jeder, der sich bewußt ist, daß er diesen Ursprungs ist, wird den Namen dieser vollkommenen Energie nur mit Ehrfurcht und Demut nennen. Der Name ist Gott. Nicht nur Menschen »nen-

nen« diesen Namen, sondern alles, was er erschaffen hat, alles, was existiert, trägt Sein Wort, Seinen Namen in sich, jedes Tier, jede Pflanze, jeder Stein ist eine Lobpreisung der Vollkommenheit und somit eine Verkörperung, eine Nennung Seines Namens.

»Lasse Deine Vollkommenheit in uns erstrahlen.«

Der Plan Seiner Vollkommenheit existiert in uns, und durch ihn existieren wir. Du hast die Pflicht, in jeder Form die Vollkommenheit anzustreben. Zeige Dich immer bereit, im Plan mitzuwirken, den Plan durch Dich wirken lassen zu wollen, das heißt, erlebe Dein Schicksal mit wachem Bewußtsein und mit Dankbarkeit, denn es ist Dein selbstgewählter Weg zur Vervollkommnung. Je mehr Dir die Gnade der Erkenntnis dieser Vollkommenheit gewährt wird, desto leichter wird Dein Weg sein.

»Lasse uns reifen durch Deinen göttlichen Willen, der in allem und durch alles wirkt.«

Dein Weg der Reife vollzieht sich nach einem universellen Plan, der Dir nach dem Gesetz des freien Willens individuelle Möglichkeiten offenläßt. Je mehr es Dir gelingt, Dich durch innere Harmonie der göttlichen Harmonie anzuschließen, desto leichter wirst Du auch mit Deiner Umgebung umgehen können. Damit sind nicht nur Menschen gemeint. Auch die Materie fügt sich *dem Gesetz der Harmonie. Spirituelle Wesenheiten bestehen ganz aus ihr. Fühle Dich immer als Teil eines Ganzen, fühle Dich mit allen und allem verbunden – das ist der Grundgedanke der Liebe.*

»Laß unsere Arbeit gute Früchte tragen«.

Suchen, reifen heißt arbeiten. Hadere nicht mit Deinem Schöpfer wegen Rückschritten, Rückschlägen und schmerzlichen Erfahrungen. Sie sind nur notwendige Meilensteine auf Deinem Weg. Vergiß nie: nur das Ergebnis zählt. Du bist doch sonst auch gerne bereit, für Qualität mehr als gewöhnlich zu zahlen, tiefer in die Tasche zu greifen, finanzielle Opfer zu bringen. Warum verhältst Du Dich nicht genauso, wenn es um Deine Lebens-Erfahrung und Reife geht? Bewahre immer die Hoffnung und den Glauben, daß Du Hilfe auf Deinem Weg bekommst und daß die Früchte Deiner Arbeit gut sein werden.

»Und lasse uns nicht schuldig werden.«

Du fragst mich, was das Wort »Schuld« in diesem Zusammenhang meint. Schuldig werden heißt, gegen die universellen Gesetze zu verstoßen. Natürlich haben auch die zehn Gebote mit den universellen Gesetzen zu tun. Moses bekam sie einst von entwickelteren, erfahreneren Wesenheiten mitgeteilt, und sie stellen die Grundlagen einer funktionierenden Gemeinschaft dar. Bei Euch gibt es Gesetzesbücher, die beinhalten, wie Verstöße gegen die Gesellschaftsordnung geahn-

det werden müssen. Es gibt auch ungeschriebene Gesetzesbücher. Du trägst ihre Weisungen in Deinem Gewissen. Wenn Du gegen Dein Gewissen handelst, wirst Du schuldig.

»Noch anderen ihre Schuld zur Last legen.«

Ihr habt einen schönen Spruch, der besagt, daß Ihr zuerst vor Eurer eigenen Türe kehren sollt. Man läuft oft als Richter Gefahr, sich über den stellen zu wollen, dessen Vergehen man zu richten hat. Auch ein Richter ist ein Diener des Nächsten. Ein Diener ist ein Helfer. Seine erste Pflicht ist, dem Angeklagten seine Schuld bewußt zu machen und ihn zu empfundener Reue zu führen. Ein jeder trage des anderen Last und stehe ihm in Liebe bei. Gerade dann, wenn er schuldig geworden ist.

»Gib uns die Kraft, der Versuchung zu widerstehen.«

Die Versuchung ist eine Prüfung der Willensfestigkeit, und zeigt auch, wie reif ein Mensch ist. Sie ist wichtig und notwendig. In dem »Vater Unser«, das Ihr betet, heißt es: Und führe uns nicht in Versuchung. Das ist nicht richtig wiedergegeben. Es ist nicht der Vater, der Euch in Versuchung führt, sondern die Versuchung tritt an Euch heran, damit Ihr Klarheit über Euch selbst erlangt und lernt, mit dem freien Willen verantwortungsvoll umzugehen. Im Moment der Versuchung, die immer verlockend und schön erscheint, braucht Ihr die Kraft, alles, was Ihr gelernt habt, zugleich zu ver-

wenden. Um die Gnade dieser Kraft bittet den Vater, und er wird Euch beistehen, denn er liebt Euch.

»Und die Kraft, das Böse zu überwinden.«

Mit dem Erkennen des Bösen ist es noch nicht getan. Es genügt nicht, sich dagegen zu entscheiden, sondern Ihr müßt auch den Kampf dagegen aufnehmen. Dadurch könnt Ihr Euch selbst vom Bösen erlösen. Ihr seid keine abhängigen Kinder, sondern Mitstreiter, keine Ausgelieferten, sondern in die Gemeinschaft des Lichts Wachsende und Reifende.

»Um Deiner würdig zu werden in Ewigkeit.«

Durch die Kraft der Überwindung, des Wachsens und der Erkenntnis, sowie durch die Kraft der Liebe werdet Ihr auf dem Weg zur Vollkommenheit, zu Gott, immer weiter kommen. Dieser Weg ist steinig, aber notwendig, um ans Ziel zu gelangen. Nur wenn Eure eigene Schwingung der Schwingung der Vollkommenheit entspricht, könnt Ihr von ihr aufgenommen werden. Dann seid Ihr würdig, in der Nähe Gottes zu weilen.

A M E N

Dieser Aufschlüsselung des »Vater Unser« folgte damals eine tiefe Stille, und ich wagte lange nicht, dieses »gesammelte Schweigen« mit meinen Fragen zu durchbrechen.

Aber dann war meine Neugier stärker als die

Wirkung der Stimmung, und ich erkundigte mich, wie es denn geschehen konnte, daß die Urform des »Vater Unsers« sich im Laufe der Zeit so verändern konnte, daß der Sinn nicht mehr dem entsprach, was es ursprünglich zu bedeuten hatte.

Es wurde mir erklärt, daß die Urform zwar niedergelegt war, aber beim Brand der berühmten Alexandrinischen Bibliothek den Flammen zum Opfer gefallen sei.

Da mir nur ein Brand im Jahre 47 *vor* Christi Geburt bekannt war, fing ich an, in meinen Lexika zu wühlen und fand bald heraus, daß es noch einen Brand gegeben hatte, den unseligerweise auch noch die Christen selbst gelegt hatten in der frommen Absicht, den heidnischen Serapis-Tempel, der ihnen schon lange ein Dorn im Auge gewesen war, warm abzutragen. Leider sorgte der entstehende Funkenflug dafür, daß bei diesen Aufräumungsarbeiten auch gleich noch die restliche Bibliothek in Flammen aufging. Das war im Jahre 347 nach Christi, und hätten die gottesfürchtigen Eiferer geahnt, was sie mit ihrem pyrotechnischen Unverständnis anrichten würden, hätten sie vielleicht auf diese Demonstration christlicher Toleranz verzichtet.

Am Anfang der achtziger Jahre geriet ich einmal »zufällig« in einen philologischen Vortrag über

Sprachen der Südsee. Ich wollte mich gerade anfangen zu langweilen, als der Vortragende mit seinen Zuhörern ein hochinteressantes Experiment startete. Er las uns Worte der uns völlig unbekannten Sprachen vor und stellte uns jeweils zwei deutsche Begriffe zur Auswahl, aus denen wir gefühlsmäßig denjenigen herausfinden sollten, der dem Fremd-Wort entsprach, wobei die Begriffe diametral entgegengesetzt waren.

Wir griffen fast niemals daneben.

Der Klang des fremdländischen Wortes vermittelte eine Schwingung, die der Bedeutung unserer eigenen Sprache genau entsprach. Man braucht dazu gar nicht bis in die Südsee auszuwandern, das Experiment funktioniert genauso gut mit allen anderen Sprachen.

Erst Jahre später kam ich in den Besitz der sogenannten Lichtformeln, mit deren Hilfe man so gut wie alles erreichen kann, vorausgesetzt, man hat einen Lehrer, der einen im Umgang unterweist, so daß man in die Lage versetzt wird, die Formeln richtig zu verwenden. Diese Formeln bestehen nur (!) aus Konsonanten und Vokal-Kombinationen, die auf den ersten Blick völlig willkürlich zusammengestückelt erscheinen. Erst wenn man gelernt hat, mit geschärftem inneren und äußeren Ohr die durch die Tonfolgen erzeugte Schwingungsenergie wahrzunehmen, dann wird einem klar, warum man mit diesen Formeln heilen, töten, wecken, einschläfern und auch Liebe und Haß erzeugen kann.

Sollte zufällig jemand aus der Musikbranche diese Zeilen lesen: Wer hinter das Geheimnis dieser Formeln kommt und diese richtig einsetzt, der ist in der Lage, einen »Hit« nach dem anderen zu produzieren. Nur: Wer einmal soweit ist, dieses Mysterium zu begreifen, der interessiert sich nicht mehr für »Hits«.

Außerdem gehört dazu auch noch das Wissen, welcher Ton zu welchem Vokal, welche Harmonie zu welchem Konsonanten gehört. Anfänglich dachte ich in meinem kindlichen Unverstand, daß die Aufschlüsselung so schwierig doch nicht sein könne, doch dann wurde mir im Laufe des Lernens immer klarer, daß mich, selbst wenn ich 90 Jahre alt werden würde (was der gütige Gott verhüten möge) nur ein Hauch der Ahnung von den astronomischen Potenzierungen streifen kann, die sich aus den Kombinationen der uns zur Verfügung stehenden Laute mit den uns bekannten Tönen ergeben. Mit einem Computer, so glaube ich, könnte man das Phänomen mathematisch vielleicht aufschlüsseln.

Aber wo sind die Esoteriker, die in der Lage sind, das Geistige mit dem Materiellen im Sinne der Geheimlehre zum Wohle aller zu verbinden?

Obwohl, da gibt es einen Schweizer, der sich gern in der Maske eines Spät-Punks zeigt und seinen furiosen Geist und sein ebensolches Temperament mit dem Mäntelchen des biederen Schweizer Idioms kaschiert. Ich meine den ingeniösen Hans Custo, der es als Mathematiker und Physiker geschafft hat, diese seine beiden Fachgebiete in die Wissenschaft der Musik und in die Astrologie einzubringen, alles unter einen Hut zu packen, und der dabei ganz erstaunliche Ergebnisse vorzuweisen hat.

Dieser Hans, so meine ich, wäre in der Lage, das Geheimnis der Formeln zu knacken. Allein die Tatsache, daß dieser Mann einen Astro-Computer entwickelt hat, den bis jetzt kein Mensch zu reparieren, geschweige denn zu kopieren imstande ist, läßt mich hoffen.

So muß ich mich also einstweilen noch mit den paar Formeln begnügen, die ich beherrsche und die mir bei ihrer Verwendung viel Freude bereiten, und warten, bis Hänschen Custo aus den Gegensätzlichkeiten seiner toskanischen Zurückgezogenheit und Amsterdamer Lebenslust frische Denkenergien und neue Schaffensimpulse gewonnen hat.

Und ich muß begreifen lernen, daß jedes Wort, genausogut wie jede Tat, im Akasha gesammelt wird – in der Bibliothek des Unendlichen.

DIE AKASHA-CHRONIK

Die Erde, auf der Du lebst, existiert bedeutend länger, als Eure Wissenschaftler annehmen. Ebenfalls bewohnt der Mensch diesen Planeten seit unendlich langer Zeit. Er hat sich entwickelt aus den Urzellen, aus denen alles stammt, was diese Erde bewohnt und belebt. Eine Amöbe und ein Mensch bestehen aus derselben Zell-Energie. An einem bestimmten Punkt der Evolution wurde auf den Menschen dergestalt eingewirkt, daß er befähigt wurde, zu denken und selbst schöpferisch zu wirken. Diese Einwirkung kam von Außen und ist nicht erdischen Ursprungs.

Diese Erde hat durch Jahrmillionen Wesenheiten beherbergt, deren Spuren zum Teil völlig verschwunden, zum Teil so verwischt sind, daß sie nicht mehr erkannt werden können. Manche der Spuren sind noch vollständig erhalten, werden aber von Euch nicht verstanden oder mißdeutet.

Eine der Hinterlassenschaften solcher Existenzen sind zum Beispiel die Pyramiden. Sie sind natürlich keine Grabstätten. Die Räume, die Eure Wissenschaftler als Grabkammern bezeichnen, waren die Räume, in denen die Einweihung vollzogen wurde. An diesem Punkt der Pyramide herrscht bei einer bestimmten Mondstellung diejenige energetische Konzentration, die es dem Adepten ermöglichte, den Zustand zu erreichen, in dem die Einweihung durchführbar ist.

Die Göttersagen, die Du kennst, sind Fragmen-

te von Geschehnissen, die sich auf der Erde tatsächlich zugetragen haben.

Es gibt bei Euch Menschen, die glauben, daß Euer Planet vor langer Zeit schon einmal von außerplanetarischen Besuchern bewohnt worden ist. Das ist nicht ganz richtig. Denn die Wesenheiten, die auf die Entwicklung der Menschen so großen Einfluß genommen haben, stammen nicht von irgendwelchen Planeten, sondern sie sind energetische Entitäten, die in der Lage sind, auf die Materie in jeder Form Einfluß zu nehmen.

(An dieser Stelle fragte ich, ob das im weitesten Sinne auch mit der Unbefleckten Empängnis Marias zu tun haben könnte. Diese Frage wurde bejaht).

Deshalb war es auch überhaupt möglich, Bauwerke von der Größe der Pyramiden zu erstellen, oder Riesensteinblöcke nahtlos übereinanderzuschichten.

Diese Wesenheiten konnten sich in menschenähnliche Körper materialisieren. Ich sage deswegen menschenähnlich, weil sie nur äußerlich so aussahen wie Menschen. Ihre Gehirne waren im Gegensatz zu den Gehirnen der damaligen Erdenbewohner ungleich vollkommener ausgebildet. Dadurch waren sie befähigt, Leistungen zu vollbringen, die von den Hominiden als Wunder bezeichnet wurden. Die »Götter« aus Euren Sagen, sowie auch die in der Bibel vorkommenden

»Söhne Gottes« waren solche sich aus der kosmischen Energie materialisierende Wesenheiten.

Manche von ihnen mißbrauchten ihre Fähigkeiten, spielten mit ihren Kräften, so daß die Ergebnisse den erdgebundenen Schöpfungsplan störten. Erinnere Dich, daß Du schon oft von den Vermutungen einiger Eurer Wissenschaftler gehört hast, daß es auf der Erde riesenwüchsige, sogenannte Enakssöhne gegeben habe. Das ist richtig. Es gab auch Menschentiere, die durch unerlaubte Paarungen zustande kamen, in Umgehung des Schutzes durch den genetischen Code, der normalerweise solches verhindert.

Aber es wurde nicht nur mit den Geschlechtskräften gespielt, sondern auch mit atomaren Energien. Das führte zur Katastrophe.

(Ich fragte, ob der Untergang von Atlantis mit solchem Mißbrach zu tun gehabt haben könnte. Die Antwort lautete: »So ist es gewesen.«)

Wer die Gesetze der Natur nicht achtet, die Gesetze der Materie mißbraucht, der wird dadurch bestraft, daß sich die Ordnung von selbst wieder in die ursprüngliche Form einzubringen versucht. Dies kann in Form einer Katastrophe stattfinden, was in diesem Fall so geschehen ist. Diese Katastrophe hat das Bild der Erde völlig verändert. Wenn Du heute den amerikanischen und den europäischen Kontinent zusammenschieben würdest, so könntest Du sehen, daß diese Erdteile fast *nahtlos zusammenpassen. Der fehlende Verbindungsteil versank damals im Meer. Das ist 15.000 Jahre her.*

Der versunkene Erdteil hieß Atlantis. Die Bewohner waren die Atlantiden, die von den Lemuriern abstammten. Sie pflegten das empirische Denken, das Erfahrungsdenken. In besonderen Tempeln wurden die Besten von ihnen ausgebildet. Die Lehrer waren die Menschenähnlichen, von denen ich vorher gesprochen habe.

(Nun wollte ich wissen, warum sich die Wissenschaftler, sofern sie überhaupt an eine Existenz dieses Erdteils glauben, bis heute nicht einigen können, wo Atlantis tatsächlich gelegen war. Die Antwort war erstaunlich, aber äußerst logisch.)

Atlantis hatte mehrere Kolonien. Diese Kolonien wurden natürlich nach dem Mutterland errichtet. Deshalb findest du Pyramiden in Ägypten und in Mexico, deswegen gleichen sich Ortsnamen oder Bezeichnungen auf verschiedenen Kontinenten bis heute.

Außerdem kamen bei der Vernichtung von Atlantis nicht alle Bewohner um. Viele waren vorgewarnt oder hatten eine Vorahnung, andere konnten im letzten Moment fliehen. Sie flüchteten zum Großteil in die Kolonien.

Die Katastrophe war eine Folge von Fehlverhalten über Generationen hinweg. Die Atlantiden konnten mit Solar-Energie umgehen, die sie durch

Verwendung von bestimmten Kristallen speichern und auch verstärken konnten. Sie konnten diese Energie auch konservieren und nach Belieben einsetzen. Durch die falsche Verwendung dieser Energie-Konzentrate kam es zur Katastrophe. Atlantis versank im Meer.

Alle diese Ereignisse kann ein reifer, begnadeter Mensch aus der Akasha-Chronik erfahren. Das Akasha ist die geistige Bibliothek Eurer Erde. Doch sie ist mit keinem Geschichtsbuch zu vergleichen, das Du kennst, denn sie hütet die unvergänglichen Ereignisse, die sich der sinnlichen Wahrnehmung entziehen. Deswegen wird auch der beste Archäologe keine Beweise für die Vorkommnisse der frühesten Zeit finden können, es sei denn, er ist ein eingeweihter, inspirierter Mensch, der die Zeichen richtig zu deuten weiß.

Das Tor des Akasha öffnet sich nur demjenigen, der auch sonst Kontakt mit der geistigen Welt pflegt. Ihm eröffnet es seine Bilder, vermittelt es sein Wissen.

Die Voraussetzung ist ein gesteigertes Bewußtsein und ein geschärftes Erkenntnisvermögen.

Das Akasha öffnet sich jedoch nicht nur, um Bilder der Vergangenheit heraufzubeschwören, sondern auch, um seinem Beschauer die Fehler bewußt zu machen, die in und über Urzeiten begangen worden sind und um ihm die Möglichkeit zu geben, auf die Entwicklung der Menschheit Ein-

fluß zu nehmen, die im Begriff ist, diese Fehlhandlungen zu wiederholen und eine ähnliche Katastrophe wiederum auszulösen.

(Ich warf ein, daß die Entdeckung der Kristallenergie noch nicht begonnen habe.)

Die Menschen haben noch immer nicht gelernt, Energie richtig zu konservieren... Du wirst das merken, wenn die Anzahl der Atomkraftwerke sich vermehrt. In der gleichen Anzahl werden sich die Unfälle mehren, die mit der Unfähigkeit des Menschen zu tun haben, diese Kräfte zu konservieren.

(Diese Durchsage kam 1979. Von Tschernobyl noch keine Spur.)

Natürlich ist in der Akasha-Chronik nicht nur das Schicksal des ganzen Planeten, von ganzen Volksstämmen und die großen historischen Ereignisse gespeichert, sondern auch das Schicksal und die Taten eines jeden Einzelnen. Deswegen können begnadet wirkende Seher den Menschen ihren Lebensablauf voraussagen, da sich bestimmte Punkte im Leben immer wieder repetieren.

Jedoch kann nie vorausgesagt werden, wie der Mensch sich verhalten wird, da er im Besitz des freien Willens ist. Deswegen kann seine Reaktion auch nicht aus dem Akasha ersehen werden. Zukunftsbezogene Mitteilungen werden nur dann gegeben, wenn es der Bestimmung des Fragen-

den dient. Eine Voraussage kann auch eine Führung sein, darf aber nur reifen Menschen gegeben werden, die eine solche Weisung unter Wahrung ihrer Eigenständigkeit zu verwenden fähig sind...

Und solche Voraussagen darf nur ein Mensch machen, der wiederum befähigt ist, die geistigen Gesetze zu durchschauen. Ein Chemiker, der sein Fach beherrscht, kann Dir auch vorhersagen, was die Verbindung bestimmter Stoffe ergeben wird. Er hat die Erfahrung, er braucht es nicht mehr auszuprobieren. Genauso ist es mit den geistigen Gesetzen. Für den Wissenden ist es keine Kunst vorherzusagen, welches Ergebnis eine bestimmte Handlung nach sich ziehen wird. Ihm ist der Ablauf vertraut. Er »erinnert« sich.

Und genau aus solchen Erinnerungsbildern, Engrammen, setzt sich die Chronik des Akasha zusammen.

Anfänglich konnte ich mit der Vorstellung dieser Groß-Bibliothek in Geistform wenig anfangen, doch dann wurde mir klar, daß ich mir dieses Phänomen nicht anders vorzustellen hatte wie einen Mega-Computer mit unendlichem Speicherungsvermögen.

Ich begann, über die Zusammenhänge von Speicherung und Karma nachzudenken. Wenn jede meiner Taten in diesem System gespeichert ist, dann konnte die Vorstellung einer Bank mit einem Soll-und-Haben-Konto nur die folgerichtige Überlegung sein. Danach müßte Karma, ganz gleich, ob Gruppenkarma oder Einzelkarma, mit einem entsprechenden Ausgleich der Taten doch aufzulösen sein. Nur so könnte der ewige Kreislauf von Schuld und Sühne unterbrochen werden. Dazu gehörte aber ein ganz wichtiger Faktor: die Erkenntnis von Ursache und Wirkung, das Begreifen der Folgerichtigkeit der karmischen Gesetze.

Wenn ich die Inkarnation auf dieser Erde immer wieder vor allem deswegen gewählt habe, um über das Gesetz der Schuld und Sühne reif zu werden für eine nicht-erdische Existenz, dann mußte dieser ewige Kreislauf der terrestrischen Inkarnation über den bewußten Ausgleich der Punkte, in denen ich mich schuldig gemacht hatte, am ehesten zu erreichen sein.

Damit stieß ich sofort auf das erste und größte Problem aller Leute, die nach längst vergangenen Fehlern und Schulden suchen: Wie könnte ich mich am besten erinnern?

Ich geriet an zahlreiche mehr oder weniger namhafte Reinkarnations-Rückführer und machte dabei die Erfahrung, daß zwar alle irgendwelche Bilder in mir wachriefen, aus denen sie dann glaubten, die verschiedensten Zeiten, Orte und Taten früherer Leben entnehmen zu können, wobei sich die Ergebnisse nie gegenseitig deckten. Also, wenn der eine sagte, ich sei Priesterin in Ägypten gewesen, dann war ich beim anderen gleichzeitig Schauspielerin in Griechenland, und bei einem Dritten Schriftgelehrter im Alten Rom. Wenn ich alle Angaben, die ich im Laufe der Jahre von Rückführern bekommen habe, hier auflisten würde, dann müßte ich das Buch um mindestens drei Sonderseiten verlängern.

Schließlich kam ich zum Ergebnis, daß der einzige Mensch, der diese heiklen Fragen beantworten könnte, ich selbst sein müsse. Wie aber sollte ich die Erinnerung aktivieren? Hatte ich doch schon Schwierigkeiten, mich an meine früheste Kindheit zu erinnern.

Ich fing auch an, in meinem Freundes- und Bekanntenkreis herumzufragen, ob hier wohl Erfahrungen oder Techniken bekannt seien, stieß aber immer wieder auf dieselben Rückführungs-Techniken, die bei mir selbst schon nichts gebracht hatten. Auffallend war bei diesen Recherchen übrigens, daß es überall sehr viele Könige, Fürsten, Priester, Gelehrte, also Menschen in hohen und höchsten Positionen gegeben hatte, aber anscheinend befand sich in meinem engen Umkreis niemand, der auch nur eine einzige Inkarnation als Putzfrau, einfacher Arbeiter, Hausfrau oder Handwerker gefristet hätte. Das gab mir zu denken.

Auch auf den damals schon stattfindenden esoterischen »Meetings«, heute heißen sie Kongresse, fand ich nur ehemalige Hohepriester, Reinkarnationen von Adam und Eva, mehrere ehemalige Staatsoberhäupter und viele Persönlichkeiten, die sich in früheren Jahrhunderten einen großen Namen in der Kultur oder den Wissenschaften gemacht hatten. Irgendwas konnte da wohl nicht stimmen.

So blieb mir also nur mehr eine Möglichkeit, dieses Problem zu klären: Meine jenseitigen Helfer mußten mir mal wieder unter die Arme greifen. Und das taten sie denn auch.

REINKARNATION UND KARMA

Warum suchst Du so beharrlich nach dem, was Du in früheren Leben gewesen bist?

Schau Dich an, schau Dein Leben an. Darin spiegelt sich alles, was Du jemals warst, und alles, was Du jemals getan hast.

Alle Talente, die Du jemals hattest, sind in Dir gespeichert, alles Wissen, das Du Dir angeeignet hast, ist über Dein Überbewußtsein abrufbar.

Du bist, als Du geboren wurdest, als Du Deine Seele wieder in einen Körper gegeben hast, über die Schwelle des Hüters gegangen, über eine Grenze vom Immateriellen zum Materiellen.

Mit dem Eintreten in den Körper hast Du die Bedingungen der Materie akzeptiert. Dazu gehört auch das Vergessen. Dieses Vergessen ist eine Gnade und hat einen tiefen Sinn: Du sollst Dich ganz auf Dein jetziges Leben konzentrieren können und alle Möglichkeiten haben, Deinen freien Willen ausleben zu können, ohne Beeinflussung durch Erinnerungen an frühere Handlungen und Situationen.

(Ich fragte, ob die Rückführungen nützen könnten, ob sie überhaupt möglich seien.)

Wenn es der Reife und der Bestimmung eines Menschen entspricht, dann ist es möglich, ihn gewisse Zusammenhänge erkennen zu lassen. Vor allem in seinen ersten sieben Lebensjahren kann ein guter Beobachter viele Hinweise auf frühere Existenzen des Kindes erhalten. Vorlieben, Talen-

te, Abneigungen, Ängste und Verhaltensformen geben Aufschluß über schon früher gepflegte Lebensgewohnheiten.

(Hier drängte sich zum ersten Mal die Frage nach genetischen Grundlagen auf. Schließlich setzt sich meine Helix ja aus den Eigenschaften meiner Eltern und Altvorderen zusammen.)

Diese Überlegung ist ganz richtig und widerspricht in keinster Weise den Gegebenheiten, denn Du hast Dir Deine Eltern auch unter diesem Aspekt ausgesucht. Nicht immer sind diese Dir bekannte und vertraute Personen, in einer Umgebung, die es Dir problemlos ermöglicht, Dich in Deinen Lebensablauf einzuschalten.

Die genetische Konstellation Deiner Eltern muß so gestaltet sein, daß Du die Möglichkeit hast, auf dieser Grundlage den Anforderungen, die Dein Lebensprogramm an Dich stellen wird, gerecht zu werden. Dazu gehören selbstverständlich auch gewisse Mängel, die Du aus karmischen Gründen gesucht und akzeptiert hast, um Dich daran schulen zu können und Dein Sozialempfinden zu schärfen.

Eine Behinderung ist niemals ein Zufall, sondern der Betroffene soll über diesen Mangel und die sich daraus ergebende Beschränkung bestimmte Erfahrungswerte in seinem Bewußtsein speichern, die ihn in Zukunft vor Fehlentscheidungen bewahren sollen.

Nimm zum Beispiel an, ein Mensch hat in seinem früheren Leben nur seinen eigenen egozentrierten Bedürfnissen gelebt, sich nie um die Rechte seiner Mitmenschen gekümmert, nie wahrgenommen, daß er auch einmal die Sorge eines anderen mitzutragen verpflichtet ist. Er wird, wenn er gut beraten ist und diese Beratung auch annimmt, in seiner nächsten Inkarnation einen Mangel akzeptieren, der ihn zwingt, diesen Fehler aus seinem früheren Leben auszugleichen.

Ich gebe Dir dieses Beispiel, weil sich in Deiner engsten Umgebung ein solcher Fall abspielt. (...was stimmte.) Du weißt, wen ich meine. Dieser junge Mensch muß über seine schwere Hörbehinderung lernen, in unentwegter Konzentration auf seine Umwelt zu leben, auf jede Mundbewegung, jede Regung des Gesichtsausdruckes, jede Äußerung der Körpersprache zu achten, und er muß schmerzlich erfahren, daß er selbst dagegen unfähig ist, sich in der Vollständigkeit seiner Empfindungen zu äußern. Die dadurch entstehende Isolation führt ihn durch den schweren Lernprozess des Erkennens der Wichtigkeit des Nächsten, der Liebe zum Nächsten, zu der Reife, die ihn befähigt, sich in ein soziales System nutzbringend einzufügen.

So gibt jede Behinderung demjenigen, den sie unmittelbar betrifft, aber auch seiner Umgebung die Möglichkeit, über diese Erschwerung der Um-

stände die Erkenntnis zu bereichern und den Reifeprozeß zu beschleunigen und zu vervollkommnen. Niemals darf ein solcher Umstand als Strafe empfunden werden.

(Hier stoppte ich, weil ich mich überfordert fühlte. Ich sagte, daß ich, wenn ich heute ein debiles Kind zu Welt bringen würde oder von heute auf morgen zum Krüppel werden würde, dieses Schicksal sehr wohl als Strafe empfinden würde.)

Weißt Du, es ist leider so, daß der Mensch nur über den Schmerz, das Leid lernt. Versuche Dich doch selbst zu erinnern: Wann hast Du auch nur ein einziges Mal durch Glück einen Lernprozeß durchlebt. Selbst wenn du dafür dankbar bist, ist es eine Erholung. Doch gefordert wird der Mensch durch Leid.

(Diese Aussage reizte mich maßlos. Paßte sie doch genau in das von mir so oft bemängelte Schema des Jammertales, in dem wir uns hier – ach! befinden.)

Nein, die Erde darf nicht als Jammertal bezeichnet werden, genausowenig, wie Eure Schulen als Orte der Strafe. Beides sind wichtige Stationen auf einem Weg der Entwicklung, der nicht immer als angenehm empfunden wird. Denke nur daran, welche Ängste Du und Deine Klassenkameraden vor Prüfungen ausgestanden habt. Aber erinnere Dich auch, wie Ihr Euch auf die gemeinsamen Schulausflüge gefreut habt.

Vergleiche es mit den Aufgaben, die das Leben an Dich stellt, und Du wirst bemerken, daß es kaum einen Unterschied gibt. Es gibt Zeiten des Ausruhens, des Genießens und Zeiten der Anspannung und des sich Verausgabens. Nur – wer sich ausruht, der lernt nichts. Gleichwohl, die Zeit des Ausruhens stellt einen wichtigen und notwendigen Gegenpol zu der Zeit der Arbeit dar. Die Ruhe muß genauso eingehalten werden, wie die Arbeit diszipliniert durchgeführt werden muß. Sieh Dir in den Horoskopen der Menschen einmal an, wie ausgewogen die Konstellationen der Energien für diese gegensätzlichen Zeitqualitäten sorgen.

Aber auch dieses Angebot unterliegt dem freien Willen des Menschen. Er kann die Möglichkeiten wahrnehmen oder nicht.

Denk einmal nach, wie es war, wenn Du früher ohne Rücksicht auf die Anforderungen des nächsten Tages bis spät in die Nacht aufgeblieben bist. Danach warst Du nicht fähig, den Aufgaben, die auf Dich zukamen, gerecht zu werden. Genauso ist es mit den großen Aufgaben und Prüfungen, die Dir Dein Lebensplan zubringt. Wenn Du psychisch und physisch nicht gewappnet bist, wirst Du sie nicht zufriedenstellend hinter Dich bringen können, wirst Du unter diesem Zustand leiden und Dein Leben als Last und Qual empfinden.

Selbst schwere Schicksalsschläge können gut

überwunden werden, wenn der Betroffene aus glücklichen Stunden seines Lebens die Kraft gezogen hat, die ihm hätte gewährt werden können. Dies hat auch mit Erkenntnisfähigkeit und auch mit Dankbarkeit zu tun. Wer nur auf die Widrigkeiten im Lebensablauf reagiert, der hat natürlich allen Grund, die, wie du so schön sagst, »Jammertal-Arie« zu singen.

(Noch einmal kam ich auf die Intensität von Schicksalsschlägen zu sprechen.)

Mancher Schicksalsschlag mag Dir grausam und ungerecht vorkommen, aber, obwohl ich weiß, daß Du Dich über Sprichwörter immer lustig machst, möchte ich Dir hiermit in Abänderung eines allgemein bekannten Spruches versichern, daß niemand mehr aufgeladen bekommt, als er verdient hat. Das, was der Mensch heute erleiden muß, hat er in früheren Zeiten anderen Menschen in ähnlicher Weise zugefügt. Das heißt nicht, daß das Vorkommnis dasselbe ist, sondern nur, daß die Intensität des Leidensgefühles sich gleicht. Du hast doch oft erlebt, daß bei manchen Kindern ein leichter Ton des Mißfallens genügt, um sie zu mahnen und sie von einer unrechten Handlungsweise abzubringen. Bei anderen Kindern sind jedoch viel schärfere Maßnahmen notwendig, damit sie begreifen lernen. So ist es auch mit Seelen. Nicht jede braucht dieselbe Katastophe mitzuerleben, die sie einst verursacht hat. Die

Empfindung jedoch muß die gleiche sein.

(Nun wollte ich wissen, ob die Effizienz von Schicksalsschlägen nicht wesentlich großer wäre, wenn der Betroffene die Hintergründe durchschauen, sprich im Zusammenhang erkennen könnte.)

Wenn Du Dich an alle Deine Taten, gute wie böse, erinnern könntest, würde das eine größere Belastung sein als eine Hilfe in bezug auf Deine Einsicht. Dein Überbewußtsein hat alle Deine Werke registriert und bringt die Ereignisse in den richtigen Zusammenhang.

(An dieser Stelle fielen mir die Selbstmörder ein, wahrscheinlich auch deswegen, weil sich ein naher Freund wenige Woche vorher das Leben genommen hatte.)

Auch der Selbst-Mord ist ein Akt des freien Willens, wenn auch ein Verzweiflungsakt, der aus einer Störung der Aura und der Chakras herrührt. Schon oft habe ich Dir gesagt, daß die Angst die zersetzendste aller Gedankenenergien ist. Die Aura wird durchlässig wie ein mottenzerfressener Mantel, die von den Chakras erzeugte Energie kann nicht mehr gehalten und auch nicht mehr im nötigen Maße ersetzt werden; der Mensch wird wehrlos. Ein Gefühl der Lähmung kommt auf. Bekommt der Angegriffene keine Hilfestellung, ist er Mächten der Vernichtung ausgeliefert, die Du nicht als negativ ansehen darfst, sondern die nichts anderes tun, als nicht existenzfähige Organismen zu eliminieren.

Die Schuld besteht nicht im Akt des Selbstmordes, sondern im Zulassen der negativen Gefühle, die dazu führen. Aber auch Drogensucht, Alkoholismus und mißbräuchliche Verwendung konzentrierter Energien (gemeint ist Magie) kann dazu führen, daß ein Mensch die Unfähigkeit signalisiert, sein Lebensprogramm im geplanten Ablauf weiter durchzuführen. Die Signale, die er im Zustand dieser Zersetzung aussendet, bewirken die vorher bereits genannten Abläufe. Der Selbst-Mord ist nur die Folge.

Diese Durchsage habe ich im ersten Moment und auch im Laufe mehrerer Tage nur schwer verdaut. Warum, so überlegte ich, konnten Schutzgeister so einen Vorgang zulassen. Warum griffen sie nicht ein?

In meiner Überlegungs-Sackgasse gefangen, suchte ich meine Freundin Nati, eine Astrologin, heim. Ich wollte wissen, ob man denn Selbstmorde im Horoskop sehen könne, und zwar nicht nachher, wenn schon alles zu spät ist, sondern vorher.

Man konnte.

Über die karma-astrologischen Kenntnisse meiner Freundin fand ich heraus, daß fast alle Selbstmörder in ihrer Wiedergeburt an einen Punkt geraten, wo sie nochmals die Möglichkeit bekommen, mit der damals nicht bestandenen Situation nun fertig zu werden.

Und dann fand ich etwas heraus, was für mich am allerinteressantesten war. Ich hatte in meinem eigenen Horoskop eine ganz eklatante Selbstmordkonstellation, und zwar nicht an einem *bestimmten* Punkt meines Lebens, sondern *immer*.

Langsam wurde mir klar, warum dieses Thema mein Interesse so geweckt hatte und warum sich in meiner Umgebung so viele Menschen herumtrieben, die Selbstmordgedanken hegten, oder diesen Gedanken sogar in die Tat umsetzten.

Mit vereinten Kräften fanden wir schließlich meinen persönlichen Hintergrund heraus, den ich nicht aus profilneurotischen Gründen hier wiedergebe, sondern weil er die Komponenten Sucht und Schwarze Magie ausschließt.

Es stellte sich heraus, daß ich bereits eine sogenannte hochentwickelte Seele gewesen war, im Begriff, mein letztes Leben auf diesem Planeten zu absolvieren. Doch dann geriet ich in eine Prüfungssituation, die praktisch mein ganzes Können und meine ganze Kraft auf die Probe stellen sollte, und ich versagte so kläglich, fiel auf eine Versuchung so erbärmlich herein, wie es niederschmetternder nicht hätte geschehen können.

Das Erwachen war qualvoll. Nicht, daß ich mich bei dieser Gelegenheit umgebracht hätte, nein, so weit ließ es mein Wissen nicht kommen. Ich lebte noch einige zerquälte, reuevolle Jahre und starb dann, zu allem Überfluß auch noch von meiner Umgebung hochgeehrt, was meinen Zustand eher noch verschlimmerte, da ich wußte, wie ungerechtfertigt diese Gefühle meiner Umwelt waren.

»Drüben« angekommen, bedurfte es keiner langen Diskussionen; es war klar, daß ich praktisch in den mittleren Stufen wieder anfangen durfte.

Ich mußte also wieder inkarnieren, auf wesentlich niedrigeren Stufen als zuvor, unter wesentlich unangenehmeren Umständen und in einer Umgebung, die mich schlichtweg zur Verzweiflung brachte. Zu allem Unheil begann ich mich auch noch zu erinnern.

Nicht daran, was im letzten Leben war, das hätte ich vielleicht noch ertragen, sondern wie es *drüben* gewesen war.

Ich lebte in einer latenten Todessehnsucht. Auf jeder Brücke, auf jedem Turm hatte ich die größte Mühe, nicht hinunterzuspringen; es war wie ein leckeres Angebot, bei dem ich nur zuzugreifen brauchte, wie es schien.

Die schönsten Erfolge, die herzlichste Zuneigung konnten mich nicht darüber hinwegbringen, daß ich eigentlich ganz woanders hätte sein können. Und das stellte die eigentliche Strafe dar. Ich konnte kein Glück, und was noch schlimmer war, ich konnte keine Liebe empfinden, denn mein Versagen hatte mich auch von meinem Dual getrennt, mit dem mich die innigste, reinste und vollkommenste Liebe verbunden hatte, zu der ein menschliches Wesen fähig sein kann.

Aber ich hatte nicht alles verloren.

Ich hatte mir zumindest das Wissen bewahrt, wie man einen löchrigen Aura-Mantel wieder stopft, ja sogar recht ordentlich wieder auf Vordermann bringen kann. Und indem ich mein Wissen verwendete, wurde ich langsam wieder stabil. Und ich verwendete es nicht nur für mich. Bei mir versammelte sich alles, was in sich den Drang verspürte, dieses Leben nicht mehr mitmachen zu wollen.

Ich erkannte, daß ich über diese Aufgabe nur hinwegreifen konnte, wenn ich so schnell wie möglich wieder lernte, bedingungslos zu lieben und zu akzeptieren.

Das alles ist nun schon drei Inkarnationen her, und es ist noch immer in meinem Horoskop zu sehen.

Ich fragte mich, um wieviel intensiver diese unselige Geschichte in meinen Annalen zu sehen sein würde, hätte ich mich damals oder in den darauffolgenden Leben dem inneren Drang ergeben, mich umzubringen.

Die gute Nati meinte dazu, die Folgen wären

katastrophal gewesen.

Als ich meine jenseitigen Helfer zum gleichen Thema befragte, kam die Antwort, daß diese Vermutung durchaus richtig sei.

In Gesprächen mit Ärzten und Psychologen wurde mir bestätigt, daß in 99% aller Fälle der Selbstmordgefährdete seine Absichten vorher kundtut. Dieser Hilferuf muß von uns allen ernst genommen werden, denn er zeigt an, daß jemand nicht mehr in der Lage ist, seine Aura selbst zu stabilisieren. Das einzige Mittel, ihn von dieser Krebserkrankung seines Schutzmantels zu heilen, ist die Liebe.

Als ich mit Befragungen zu diesem Thema begann, erhielt ich im Laufe der Zeit eine solch unglaubliche Fülle von Informationen, daß ich zuerst völlig ratlos vor dem Zettelberg meiner Unterlagen saß und mich fragte, wie ich diese Durchsagen, die in engstem Zusammenhang standen mit Karma, Reinkarnation, Energie und damit mit *allen* Themen, die überhaupt besprochen werden könnten, zusammenfassen sollte.

Es kam eine mentale Aufforderung, die ich befolgte und die aus diesem Grund eine »Neufassung« darstellt. Ich fing an, völlig willkürlich die Papiere hintereinanderzuschichten und erhielt eine »zufällige« Reihenfolge, die logischer nicht hätte sein können.

Der folgende Abschnitt enthält, natürlich gekürzt, da vieles wiederholt worden war, 102 Einzelaussagen und Hinweise, die ich innerhalb von 15 Jahren in verschiedensten Ländern, unter manchmal unglaublichen Umständen (Hotelzimmer, Bühnengarderoben, Wartehallen) erfragt, aber auch unerwartet bekommen habe. Viele der Durchsagen sind gefärbt von meinen eigenen Lebensumständen, die der Grund für so manche Frage waren, und von deren Beantwortung ich nun erhoffe, daß sie meinen Lesern Hilfe, Trost und Freude bringen, so wie es mir selbst geschehen ist.

SEXUS, EROS, AGAPE – DER WEG ZUR VOLLKOMMENEN LIEBE

Du kommst aus der Liebe, bist von ihr erschaffen worden und wirst in sie und durch sie an Deinen Ursprung zurückkehren.

Liebe ist eine Erfahrung, die Du zuerst an Dir selbst begreifen mußt, ehe Du sie an andere weitergeben kannst.

Liebe gehört zu den tiefsten Bedürfnissen des Menschen. Aber nicht nur des Menschen, sondern der ganze Kosmos lebt von dieser Schwingung des Energieaustausches. Wer sich von dieser Schwingung absondert, wird lebensunfähig und anfällig für negative Impulse.

(Wenn ich aus der Liebe komme, warum habe ich mich dann jemals aus ihr gelöst oder so weit von ihr entfernt, daß ich nun erst wieder erlernen muß, diese Schwingung zu erzeugen, um wieder in ihr leben zu können?)

Alle, die Ihr auf der Erde lebt, auf ihr inkarniert seid, wart beteiligt an der willentlichen Loslösung aus dem Ur-Licht, aus der Umgebung Eures Schöpfers, der Euch Gaben verliehen hatte, die Euch IHM ähnlich gemacht haben. Ihr konntet schöpferisch tätig sein. Diese Fähigkeiten habt Ihr mißbraucht und Euch damit immer weiter vom Ur-Sprung entfernt, so daß Eure Schwingungen immer weniger feinstofflich, immer dichter wurden, bis sie zuletzt sich nur mehr in der Materie ausdrücken und aufhalten konnten. Damit habt Ihr Euch in einen Käfig und auf die Stufe eines

Lernprozesses gestellt, der Euch zwingt, Euch von ganz unten wieder in die hohen Schwingungen der göttlichen Liebe, der Ur-Kraft hinaufzuarbeiten.

(Hat diese Loslösung etwas mit dem Sündenfall zu tun gehabt?)

Ja, der Sündenfall bestand in der willentlichen Abspaltung von der Ur-Kraft und in der Gründung einer eigenen gegensätzlich wirkenden Widerstands-Energie. Anführer war der aus derselben energetischen Entität wie Christus stammende Lucifer, ein hohes Geistwesen, das sich über seinen Schöpfer erheben wollte und die Gesetze nach seinem Gutdünken ändern wollte. Das wäre nur möglich gewesen mit der Unterstützung vieler Millionen von Engelwesen. Doch nicht alle schlossen sich dem Ruf des ehemaligen Lichtträgers an. Diejenigen jedoch, die ihm nachfolgten, verloren immer mehr an Kraft und feinstofflicher Energie, bis sie letztlich in der Materie erstarrten.

Als sie erkannten, wohin sie geraten waren und was sie mit ihrem Widerstand ausgelöst hatten, waren sie verzweifelt und versuchten nun reumütig wieder in die Feinstofflichkeit der Christus-Energie zurückzukehren. Doch eine Rückkehr war auf diesem Wege nicht mehr möglich, denn durch ihre Veränderung konnten sie in dieser hohen Energie nicht mehr existieren.

So mußten sie eine über Jahrmillionen dauern-

de evolutionäre Entwicklung der Materie abwarten, in deren Ablauf sie gezwungen waren, sich im Bewußtsein ihrer Abspaltung gefangen zu sehen.

Erst als die Evolution so weit fortgeschritten war, daß sie eine materielle Form darbot, die beseelt werden konnten bekamen die Gefallenen eine Möglichkeit, sich auf diesem Weg wieder in die hohe Energie des Ursprungs zurückzuentwickeln.

(Ich bin also ein gefallener Engel?)

Du bist ein Geistwesen, das sich dem Widerstand angeschlossen hatte.

(Sind alle auf diesem Planeten solche Gefallenen?)

Ja, fast alle. Einige hohe Geistwesen haben sich bereit erklärt, unter den Gesetzen der Materie den Menschen dienlich zu sein (zu inkarnieren). Doch deren gibt es nicht allzu viele.

(Wer oder was sind dann unsere Schutzengel? Sind das Wesen, die sich auch Lucifer angeschlossen haben, oder sind es Angehörige der göttlichen Ur-Kraft?)

Ihr seid alle Angehörige der göttlichen Ur-Kraft, sonst könntet Ihr gar nicht existieren. Nur ein Teil von Euch hat diese Kraft mißbraucht. Eure Schutzengel sind Euch ähnlich und geistig zugehörig und zum größten Teil denselben Weg gegangen wie Ihr. Sie sind in ihrer eigenen Entwicklung von Eurer Entwicklung abhängig. In den Entscheidungen unterstehen sie höheren Wesen, deren Wei-

sungen sie zu entsprechen haben. Ihr Reifegrad ist verschieden und entspricht der Reife des Schützlings, den sie begleiten. Ein Engelwesen unterscheidet sich von Dir dadurch, daß es keine freie Willensentscheidung benötigt, da es reiner Ausführender der Gesetze ist.

(Endlich begriff ich: Es gibt Schutzengel und Schutzgeister)

Das ist richtig. Sie unterscheiden sich durch die Verwendung des freien Willens. Jedoch alle unterstehen denselben Gesetzen, und damit vor allem dem Gesetz der Liebe, dem Gesetz des Gebens und Nehmens.

Die Grundschule der Liebe ist die Erfahrung am eigenen Leibe, im wahrsten Sinne des Wortes. Über den Sexus, die ausschließlich körperliche Liebe lernt der Mensch Gefühle zu empfinden, die ihn an den Anfang des Lehrweges sensueller Empfänglichkeit stellen. Die Nähe, Wärme eines anderen, die durch ihn erfolgende Befriedigung sexueller Bedürfnisse und Triebe sind die untere, aber notwendige Erfahrungsstufe der Liebe.

Die nächste, verfeinerte Stufe ist diejenige des Eros, die zwar auch die Geschlechterliebe beinhaltet, aber unter der Beigabe des sehnsuchtsvollen, hingebenden Begehrens. Es zählt nicht mehr nur die eigene körperliche Befriedigung, sondern als genauso wichtig wird die Befriedigung durch die Gefühle des anderen empfunden, die als Re-

Aktion entgegengebracht werden. Der Geschlechtspartner wird nicht mehr nur als Objekt der Begierde klassifiziert, sondern als geliebter, ersehnter und ergänzender Teil des eigenen Selbst.

Über diese Form des Liebesaustausches wird die Agape erlernt, die allumfassende, selbstlose Liebe, die Nächstenliebe, die nichts fordert, nichts erwartet, nicht berechnet, die nur um ihrer selbst gegeben wird und in ihrer Schwingung der Liebe Gottes in ihrer Feinstofflichkeit am nächsten kommt.

Sie beinhaltet den Verzicht, das Vergeben, das Mitleid, das Mit-Glück, die Neidlosigkeit, die Dankbarkeit, die Freude am Bereiten von Freude, die Bereitschaft zur Hilfe, aber auch die Zufriedenheit mit sich selbst, die nichts zu tun hat mit Eigenliebe, sondern nur mit der Erkenntnis, in Gott geborgen zu sein. Nach dieser Form der Liebe strebt jeder auf dem Weg zur Vollkommenheit.

Wenn eine Liebesbeziehung auf der Basis der Erwartung von Erfüllung bestimmter Wünsche und Projektionen beruht, so mußt Du nicht enttäuscht sein, wenn Deine Gefühle nicht in dem Maße erwidert werden, wie Du es Dir erhoffst. Denn die Liebe fordert und erwartet nicht. Sie ist sich selbst genug.

Eifersucht ist nur ein Ausdruck von Unreife. Solange Du Deinen Partner als Eigentum betrachtest, hast Du von der reinen Form der Liebe noch nichts begriffen. Liebe ist auch Vertrauen und das Wissen, daß Dir nichts »weggenommen« werden kann. Ein Partner, der Dir Anlaß zu Eifersucht gibt, reagiert auf diese Projektion. Denn würdest Du die Sicherheit des Wissens um die Gesetze der Liebe ausstrahlen, dann würdest Du einen ähnlich denkenden Partner anziehen. Dadurch, daß Du dieses Gesetz noch nicht voll erkannt und auch nicht verinnerlicht hast, wirst Du immer wieder an Partner geraten, die Dir helfen sollen, diesen wichtigen Punkt zu erlernen. Natürlich ist dieser Vorgang schmerzlich. Doch solange Du noch besitzen willst, kannst Du nicht reif sein für die reine Form der Liebe. Wenn Du erst einmal weißt, daß Du in der Liebe eingebettet bist, dann wirst Du auch keine Angst mehr davor haben, verlassen oder betrogen zu werden. Jemand, der Dich betrügt, zeigt doch nur, daß Deine Liebe ihn nicht erfüllt, ihm nicht genügt, so daß er weiter suchen muß. Der Fehler liegt also bei Dir.

Natürlich gibt es auch Versuchungen und Prüfungen. Wenn Deine Liebe reif genug ist, wirst Du keine Schwierigkeiten haben zu verstehen und zu verzeihen. Den freien Willen, den Gott Dir zugebilligt hat, den solltest Du auch Deinem Partner zubilligen.

(Wie ist es denn nun eigentlich mit diesem schönen Satz: Bis daß der Tod Euch scheidet. Heißt das wirklich, daß ein Paar, auch wenn es

sich absolut nicht mehr versteht, auf Gedeih und Verderb zusammenbleiben muß?)

Ein Paar, daß sich im Bund der Ehe findet, hat diese Form der Gemeinsamkeit nicht zufällig erfahren. Sie sollen ein gemeinsames Programm durchleben, aneinander, miteinander lernen, sich Hilfe und Stütze, aber auch Reibungsfläche sein. Wenn das Programm erfüllt ist oder erkannt wird, daß es nicht erfüllt werden kann, dann soll sich das Paar in Frieden trennen. Vielleicht wird jeder einzelne auf einem anderen Wege die Reife erlangen, die ihn dann zu einem anderen Zeitpunkt befähigt, die Gemeinsamkeit wieder aufzunehmen.

(Kann das auch in einer späteren Inkarnation sein?)

Meistens sogar ist es in einer anderen Inkarnation, wobei Ehepaare sich nicht immer wieder als solche treffen, sondern die nichtbewältigten Probleme oft auch über den Weg der Elternschaft oder in einer anderen Form der Verwandtschaft bewältigen müssen. Erspart wird ihnen die Aufgabe jedoch nicht.

(Wie ist es denn, wenn in einer Ehe Kinder vorhanden sind und die Eltern erkennen, daß ein Zusammenleben unmöglich ist?)

Nicht alle Elternpaare haben die Reife zu erkennen, daß ihre eigenen Probleme zurückgesteckt werden müssen, solange das Kind sich noch in der frühen Entwicklung befindet. Ein Kind hat das

Recht, jede Rücksicht zu fordern. Wenn die Streitigkeiten der Eltern eine ungestörte Entwicklung nicht mehr zulassen, so müssen sich die Eltern sogar trennen. Das Kind soll bei demjenigen Elternteil bleiben, der ihn in seiner Reifung bis zum Zeitpunkt der Trennung am engsten begleitet hat und der die weitere Entwicklung gewährleisten kann. Manchmal ist auch keiner der beiden Elternteile geeignet, das Kind zu erziehen. In diesem Fall wird sich schicksalsmäßig immer eine Person anbieten, die diese Aufgabe verantwortungsvoll übernimmt. Die Pflicht der Eltern ist es dann, an der Erziehung des Kindes nicht aus egoistischen Gründen festzuhalten, sondern zum Wohle des Kindes zu verzichten.

(Du hast mir doch immer gesagt, jedes Kind sucht sich seine Eltern selbst aus. Was für einen Grund hat es, sich bei Eltern zu inkarnieren, die letztlich ihrer Aufgabe nicht gewachsen sind?)

Eine Seele inkarniert sich nicht immer deshalb bei Eltern, um in dieser Umgebung nun bis zur Vollendung der Jugendreife zu bleiben. Manchmal wird nur die genetische Basis verwendet, die das Elternpaar zu bieten hat, damit sich auf den charakterlichen und begabungsmäßigen Komponenten der elterlichen Gen-Möglichkeiten das Schicksalsprogramm des Kindes entfalten kann.

Die Vererbungslehre widerspricht doch in keiner Weise der Reinkarnationslehre. Es gibt eine materielle Helix, genauso wie es eine immaterielle Helix gibt. Wird eine Inkarnation geplant, so wird ein Elternpaar gewählt, dessen DNS-Code der immateriellen Helix des Inkarnierenden entspricht. Weiterhin wird natürlich auch der Zeitpunkt der Zeugung und Geburt sorgfältig gegeneinander abgewogen. Beide (!!) Zeitpunkte spielen eine wichtige Rolle. Eure Ärzte sollten endlich begreifen, daß ein künstlicher Eingriff in den Geburtsablauf, sofern er sich nicht als unumgänglich erweist, ein Verbrechen ist.

Ähnlich verhält es sich mit dem künstlichen Verzögern von Todeszeitpunkten. Kein Mensch, der das Gesetz der Liebe begriffen hat, wird auf die Idee kommen, diese Mittel in Anspruch zu nehmen.

Ein Arzt, der das Gesetz der Liebe nicht begriffen hat, ist nicht wert, in diesem Beruf zu wirken.

(Wie ist es denn mit Sterbehilfe?)

Ein vorzeitig beendetes Programm ist und bleibt ein Programm, das in einem anderen Leben nachgeholt werden muß. Das verfrühte Beenden ist ein Akt des freien Willens, aber dadurch ändert sich nicht der eigentliche Ablauf. Er wird nur verschoben. Derjenige, der sogenannte Sterbehilfe leistet, nimmt große Verantwortung auf sich.

(Aber Sterbehilfe kann doch auch ein Akt der Liebe sein?)

Unter jedem anderen Aspekt wäre es Mord.

(Also ist Sterbehilfe unter dem Aspekt der Liebe legitim?)

Das habe ich nicht gesagt. Kein Eingriff in einen natürlichen schicksalsmäßigen Ablauf ist legitim. Keiner, dem Sterbehilfe geleistet wurde, wird sich im Jenseits bei seinem Sterbehelfer bedanken. Es wäre besser gewesen, dem Betroffenen sein Leid zu erleichtern und vor allem ihm den Sinn seines Zustandes zu erklären. Das ist Nächstenliebe.

Im Laufe dieser Gespräche kamen wir nach den Themen Sterbehilfe, Ärzte, Geburt auch auf das Thema Abtreibung zu sprechen. Die Aussagen dazu waren kurz und prägnant und gehören natürlich nur im weitesten Sinn zu dem Thema Liebe. Ich möchte kein eigenes Kapitel daraus machen, da die Durchsagen knapp gehalten wurden, aber sie haben eine Information enthalten, die ich unbedingt weitergeben will:

Jede Abtreibung ist ein Eingriff in einen natürlichen und schicksalsmäßigen Ablauf und ist damit illegitim. Nichts geschieht in Gottes Plan zufällig, also auch nicht das Entstehen eines Kindes.

(Wie vereinbart sich denn eine solche, oft nicht freiwillig angenommene Pflicht mit dem freien Willen?)

Du hast die Möglichkeit, der Seele, die sich bei Dir zu inkarnieren wünscht, zu sagen, daß Du

Dich überschätzt hast und Dich momentan nicht in der Lage siehst, diese Pflicht auf Dich zu nehmen. Setze Dich auch mit Deinen Schutz-Wesenheiten in Verbindung. Es kann geschehen, daß die Seele sich noch einmal zurückzieht und zu einem späteren Zeitpunkt bei Dir inkarniert. Dies kann jedoch nur mit ihrer Einsicht und bei günstigen Schicksals-Möglichkeiten stattfinden.

Es wird ja auch von umgekehrter Seite manchmal so praktiziert. Ein natürlich verlaufender Abgang hat als Ursache oft, daß der sich Inkarnierende erkennt, daß die Bedingungen doch nicht ideal sind, oder daß sich später eine Möglichkeit bietet, die beiden Teilen, Mutter wie Kind, nützlicher ist. Kein Abgang ist jedenfalls zufällig.

(In diesem Zusammenhang versuchte ich auch die wichtige Frage zu klären, ab wann der Embryo beseelt ist.)

Im Zusammenhang mit Abtreibung ist diese Frage irrelevant; ich hoffe, Du weißt das. Es spielt keine Rolle, ob Du einen beseelten oder einen unbeseelten Embryo umbringst, der Eingriff ist und bleibt in jedem Fall ein Eingriff in einen schicksalsmäßigen Ablauf. Was die Beseelung an und für sich betrifft: Sie spielt sich so individuell ab, wie es der Menschennatur im allgemeinen entspricht. Sie ist ebenfalls ein Akt des freien Willens. Es gibt Seelen, die sich erst im Augenblick der Geburt im Körper einfinden.

(Was ist der früheste Zeitpunkt?)
Der Zeitpunkt der Zeugung.

Wenn ich daran denke, wie viel Zeit ich mit allen möglichen Leuten »verstritten« habe beim Versuch, dieses Thema auszudiskutieren. Die Lösung war, wie immer, logisch. Die Gesetze gelten immer und auf jedem Gebiet. Wer die Gesetze begriffen hat, kann sich so manche Diskussion und die damit verbundene kostbare Zeit sparen.

Ich habe in einigen Fällen übrigens miterlebt, wie diese geistige Beendigung einer Schwangerschaft funktioniert hat. In *allen* Fällen jedoch fand eine spätere Schwangerschaft statt.

Das Aufnehmen einer Menschenseele, das Heimatgeben, ist eine Form der Nächstenliebe, zu der man sich, bevor man inkarniert, bereit erklärt. Vergleichbar einer Abtreibung wäre es zum Beispiel, einen freundlichst eingeladenen Gast in unfreundlichster Weise in der Kälte vor der Türe stehenzulassen, schlimmstenfalls verhungern zu lassen. Es passiert in unserem Leben nichts, in das wir nicht eingewilligt hätten, bevor wir auf diesen Planeten inkarnierten. Das mag für manchen völlig unglaubwürdig klingen. Kein Mensch diesseits der Schwelle des Vergessens wird in der Lage sein zu verstehen, was eine Seele dazu bewogen haben könnte, sich auf eine Inkarnation einzulassen, die schließlich unter grauenvollsten Umständen im KZ zu enden bestimmt war. Und doch es ist so. Die letzten Schleier über dem Geheimnis wird niemand lüften, der in einen Menschenleib gebunden ist.

Ich hatte das »Glück der späten Geburt«. Ich wüßte gerne, wer diesen blödsinnigen Begriff geprägt hat. Die Mitmacher, Häscher, Mörder, Verräter im Dritten Reich waren unsere Eltern, und wir haben ihren genetischen Code als Startrampe für unsere eigene Inkarnation gewählt. Das heißt, die Komponenten, die unsere Eltern so weit kommen ließen, daß sie blind und taub wurden, sind in uns enthalten. Wir können nur alle zu Gott beten, daß er, wenn an uns »Spätgeborene« eine ähnliche Versuchung herantritt, seine schützende Kraft in uns so stark werden lassen möge, daß wir in der Lage sind, diese Versuchung zu erkennen, was die Voraussetzung ist, um sich ihrer überhaupt erwehren zu können.

Diese Kraft Gottes ist nichts als Liebe, Nächstenliebe, und wenn diese Kraft in den dunklen Jahren bis in die Seelen der Menschen gelangt wäre, dann hätte es diese Greueltaten nicht gegeben. Selig die, die sich damals widersetzt haben, die für ihren Widerstand sogar in den Tod gegangen sind, die ihr Leben riskierten, um nicht nur Freunden, sondern sogar wildfremden Menschen zu helfen, die das Hohelied der Liebe praktizierten und weitertrugen, angstlos und in vollem Gottbewußtsein.

Dem sagenhaften chinesischen Philosophen Lao-tse, von dem niemand genau weiß, wann und wo er gelebt hat, wird das grandiose Tao-te-king zugeeignet, ein Werk, das dem Menschen die Kunst vermitteln soll, sich in die Kraft des Welt-Urgrundes zu versenken. Dieses schmale Buch hat auf das Gehirn dieselbe Wirkung wie Bergluft auf die Lungen. Sehen sie selbst, warum.

Lao-tse schreibt über die Auswirkungen eines liebelosen Daseins:

Pflicht ohne Liebe macht verdrießlich.
Verantwortung ohne Liebe macht rücksichtslos.
Gerechtigkeit ohne Liebe macht hart.
Wahrheit ohne Liebe macht kritiksüchtig.
Klugheit ohne Liebe macht betrügerisch.
Freundlichkeit ohne Liebe macht heuchlerisch.
Ordnung ohne Liebe macht kleinlich.
Sachkenntnis ohne Liebe macht rechthaberisch.
Macht ohne Liebe macht grausam.
Ehre ohne Liebe macht hochmütig.
Besitz ohne Liebe macht geizig.
Glaube ohne Liebe macht fanatisch.

Aus den edelsten Eigenschaften des Menschen wird ohne Liebe nichts anderes als Charakterlosigkeit und Schwäche. Ich finde, daß dieser kurze Auszug aus Lao-tes Werk klarer vor Augen führt, was Liebe bedeutet, als eine stundenlange moraltheologische oder philosophische Abhandlung.

Im Rahmen des Themas Liebe möchte ich auch auf den Begriff Toleranz zu sprechen kommen.

Das Wort Toleranz hat seine etymologische Wurzel in dem lateinischen Wort tolerare = leiden.

Fast alle Diskussionspartner, die ich in ein Gespräch und in Gedanken über diesen Begriff verwickelt habe, sind davon ausgegangen, daß Toleranz etwas Gutes, Feines und Edles sei. Und die Diskussion wurde immer dadurch extrem erhitzt, daß ich die Meinung vertrat, das Wort Toleranz sei ein »excuse for everything«. Tolerante Leute sind für mich der Inbegriff von Mundhaltern, von Menschen, die Konfrontationen scheuen, Unbequemlichkeiten lieber aus dem Wege gehen, als sie aus demselben zu räumen, ewige Einstecker, die dann irgendwann plötzlich und unerwartet überraschend agressiv reagieren, weil ihre »Toleranzgrenze« überschritten ist.

Ich bin kein Lao-tse, aber ich wage mich anhand eines Satzes an eine Fortsetzung seiner vorher aufgeführten Aufschlüsselung: Ertragen ohne Liebe ist Toleranz. Oder einfacher gesagt: Wer (nächsten-)liebt, braucht keine Toleranz.

Einer der schauerlichsten Auswüchse von »Toleranz« war die antiautoritäre Erziehung, unter deren Nachwirkungen wir heute noch zu leiden haben. Ich halte diese Form der pädagogischen Betätigung für das Lieb- und Gedankenloseste seit der Erfindung des Keuschheitsgürtels.

Natürlich ist es weitaus bequemer, antiautoritär zu sein, als sich konsequent nach den gültigen Regeln einer guten Erziehung zu richten. Jede Mutter, jeder Vater und jeder Erzieher weiß, wieviel Nerven es kostet, die gesteckten Vorsätze einzuhalten. Ausrutscher sind nicht nur normal, sondern manchmal sogar angebracht, denn schließlich sind wir ja keine Roboter. Aber diese Ausrutscher ändern nichts an der grundsätzlichen und notwendigen Linie einer begriffenen Erziehung, die wir unseren Kindern und Jugendlichen schuldig sind. Sie ist eine weitere Form der Liebe. Erziehung *ohne* Liebe ist Terror, Drill, Dressur und Ausleben niedriger Machtgelüste. Erziehung *mit* Liebe, aber *ohne* Strenge ist Bequemlichkeit, Schlamperei und eine Projektion eigener Liebesbedürftigkeit. Sowohl das eine wie das andere pädagogische Fehlverhalten geht zu Lasten des Heranwachsenden.

In Diskussionen mit jugendlichen Vortragsbesuchern werde ich oft auf das Thema Autorität angesprochen und habe dabei immer wieder festgestellt, daß die jungen Menschen absolut nichts gegen Autorität haben, wenn sie von jemandem kommt, der wirklich eine Autorität ist. Noch nie waren Vorbilder so gefragt wie heute, und noch nie waren sie so rar.

Die Frage »Wen soll ich mir denn als Vorbild nehmen?« ist eine Frage, der ich mich schamhaft entwinde, weil mir auf die Schnelle immer nur Herr von Weizsäcker einfällt und ich doch eigentlich so gerne auch mal einen Namen zur Verfügung hätte, dessen Träger jünger als 60 ist.

Wo sind sie denn, die frühgereiften Persönlichkeiten, die es zuletzt in den 20er und frühen 30er Jahren zu bewundern gab, die Revolutionäre, deren Widerstand nicht grundsätzlichem Opportunismus entsprang, sondern einem tiefen Gerechtigkeitssinn, unbestechlicher Wahrheitsliebe und einer ungebrochenen Sehnsucht nach Vollkommenheit und Schönheit?

Und wo sind vor allem die Geistlichen von der Persönlichkeit eines von Erxleben und eines von Galen?

Das Wirtschaftswunder und das nachfolgende allgemeine Wohlergehen hat anscheinend niemandem wohlgetan. Denn vor lauter Konjunktur und vor lauter Bildung für alle sind die subtilen Formen der Nächstenliebe scheinbar überflüssig geworden. Die Folge ist eine sich immer weiter ausbreitende, schleichende Verarmung, zum Teil Folge der Arbeitslosigkeit, und – eine weitere Blüte einer gedankenlosen, (Bildungs)Politik –, des »Numerus Clausus«. Ein Sauerbruch hätte mit seinem Mist-Zeugnis heute nicht die geringste Chance, sein Genie den Menschen zur Verfügung zu stellen. Wieviel ignorante Dummheit gehört dazu anzunehmen, daß ein Einser-Schüler allein durch seinen brillanten Notendurchschnitt für Fächer wie Medizin, Rechtsprechung, Psychologie, also schlichtweg für alle Wissensgebiete, die nur in Verbindung mit Intuition an den Mann und die Frau gebracht werden dürfen, prädestiniert ist?

Das Ergebnis sind promovierte Akademiker, deren ausgeprägter Geschäftssinn sie zu einer Stellung im mittleren und oberen Management befähigen würde, die aber von den intuitiv erfaßbaren Geheimnissen der Kunst des Heilens und Richtens so viel wissen wie die das Land in heuschreckenartigen Schwärmen überfallenden Illustriertenvertreter vom Inhalt ihrer bunten Blättchen.

Es wird dabei gänzlich übersehen, daß es das *Talent* ist, das auf die Bestimmung eines Menschen hinweist.

Ich habe einen auf dem Gebiet der Gentechnik genial begabten 19-jährigen am Numerus Clausus scheitern sehen, der noch Erinnerungsfragmente aus vergessener Vorzeit in seinem Hirn herumtrug, die dieses Thema betreffen. Leider war er aber für Sprachen so begabt wie ein Staubsauger, auch in der eigenen deutschen, was ihm einen Notendurchschnitt bescherte, der ihm ein Studium unmöglich machte. Er hat, als er keinen Ausweg sah, eine Schreinerlehre absolviert und betreibt sein Spezialgebiet heute nur mehr hobbymäßig in der Stille.

Was mich selbst betrifft, so erinnere ich mich noch heute sehr gut, wie ich unter allen mathematischen Fächern litt. Ich habe ein Bild- und Klang-Gedächtnis, merke mir also Sprachen, Texte, Melodien wie ein Papagei und habe auch keine Schwierigkeiten, auf diesen Gebieten kreativ zu werden.

Meine ganze Schulzeit geriet zum Horrortrip, weil niemand erkannte, daß dieses Kind überall hingehörte, nur nicht auf ein mathematisch-naturwissenschaftliches Gymnasium. Ich kann bis heute nicht mit den Grundbegriffen von Algebra umgehen, und eine chemische Formel ist für mich ein böhmisches Dorf. Meine Prüfungen habe ich dadurch bestanden, daß mich mathematisch Begabte, also Abstrakt-Denker, abschreiben ließen, wofür ich mich dann mit »meinen« Fächern bei Gelegenheit revanchierte.

Bei Klassentreffen in späteren Jahren stellte sich heraus, daß keiner der ehemaligen Mathematiker jemals Sprachen gebraucht hatte, außer ein paar Brocken Englisch, die sie in jedem Billig-Kurs schneller und zeitsparender vermittelt bekommen hätten denn in kostbarer 19-jähriger Schulzeit, wogegen mir in meinem Leben auf mathematischem Gebiet nie mehr abverlangt wurde als die vier Grundrechnungsarten und das Errechnen von Prozenten, worin ich mit Hilfe meines Mickey-Mouse-Computers unter gleichzeitigem Abspielen der amerikanischen Bundeshymne zum wahren Meister geworden bin.

Fazit: Ich habe Jahre von Zeit verschwendet an ein Wissensgebiet, das mein Gehirn überhaupt nicht in der Lage ist zu fassen. Wieviel nutzvoller wäre es bei Erkenntnis meiner cerebralen Möglichkeiten gewesen, mich umso sorgfältiger auf den Gebieten zu schulen, mit denen mein Fassungsvermögen etwas anfangen konnte und die auch später meinen Lebensweg zeichneten: Theater, Musik, Schriftstellerei, Sprachen. Aber nein. Je schlechter meine Auffassung funktionierte, desto mehr Zeit wurde auf eben diese Gebiete in Form von Nachhilfestunden und Sonderkursen verwendet, da es sich angeblich um Dinge handelte, ohne die ein normales menschliches Leben heutzutage nicht möglich sei. Wenn ich daran denke, wieviel Kraft und Energie es mich nach meiner regulären Schulzeit gekostet hat, meine lückenhafte Bildung auf den Gebieten, die meine Domäne hätten sein können, auf Vordermann zu bringen, überkommt mich noch heute ein Gefühl, das man nicht unbedingt als Dankbarkeit bezeichnen kann gegen die Leute, die mich jahrelang gezwungen haben, mich mit Themen herumzuschlagen, die ich bis heute nicht habe verwenden können.

Wann endlich, so frage ich mich, wird unser Schulsystem erkennen, daß es Gehirne verschiedener Genese gibt, mit unterschiedlicher Reife, unterschiedlichen Erfahrungswerten, und daß diese Verschiedenartigkeit mit der Anzahl und den Formen von Inkarnationen zu tun hat, die eine Seele durchlaufen hat?

Was für eine Zumutung, einen Menschen, der 30 und mehr Wiedergeburten hinter sich hat, genauso unterrichten zu wollen wie einen erst zum vierten Male Inkarnierten...

Und wann wird außerdem erkannt werden, daß es Tag- und Nachtgeborene gibt, die ihren Einstieg in dieses terrestrische Zeitsystem nicht ohne Grund zu eben diesem Zeitpunkt gewählt haben?

Immer wieder höre ich die gefällige Geschichte, daß »alles nur Gewöhnung ist« und nur eine Sache der inneren Einstellung.

Ich kenne Hunderte von Menschen, die nachts geboren wurden und sich mit Disziplin und gutem Willen in ein am Tage ablaufendes Programm eingefügt haben und die niemals aufgehört haben, darunter zu leiden, da sie in sich einen Ur-Rhythmus tragen, der sie vor 2 Uhr nachts überhaupt nicht zur Ruhe kommen läßt. Alle diese Leute geben auch zu, daß ihre Arbeitsleistung bis zum Mittagsläuten gleich Null ist und daß sie sich mühsam von Wochenende zu Wochenende hangeln, wo sie dann ihrer eigentlichen Tageseinteilung ungehindert frönen können: nämlich bis mindestens 10 Uhr vormittags zu schlafen. Die konzentrierteste Arbeitsleistung erbringen diese Nachtgeborenen zwischen 2 Uhr nachmittags und Mitternacht. Das heißt, wenn ihr Arbeitstag zu Ende ist, dann geht die Energiekurve erst nach oben. Eine Energie, die im und für den Beruf und auch in der Schule nie vollkommen genützt werden kann.

Allmählich bin ich dafür, daß sich diese Menschen zu einer Interessenvereinigung zusammenschließen. Es ist ja nicht so, daß es ab 12 Uhr mittags keine Möglichkeiten der beruflichen Betätigung mehr gäbe. Nur wissen die meisten Menschen nicht um diese Zusammenhänge. Nur 10 Prozent wissen ja überhaupt, zu welcher Tageszeit sie das Licht dieser Welt erblickt haben, geschweige, daß ihre vormittägliche chronische Müdigkeit (meist von findigen Medizinern als Kreislaufschwäche deklariert) damit zusammenhängen könnte.

Ich habe von meinen Bekannten und Freunden eine Liste zusammengestellt und herausgefunden, daß alle Nachtgeborenen, die sich durchsetzen konnten, Berufe haben, die sich am Nachmittag und nachts abspielen. Machen Sie sich doch einmal selbst den Spaß und fragen sie Ihre Morgenlerchen und Nachteulen, zu welcher Zeit sie dem Mutterschoß entschlüpft sind. Sie werden sich wundern!

Mein ganzes Mitleid jedoch gilt den Kindern, den Schülern, die den Grund-Rhythmus ja noch viel klarer in sich tragen als wir Erwachsene. Da muß so ein armes, um 2 Uhr nachts geborenes Würmchen doch tatsächlich um 7 Uhr früh aufstehen, und es wird verlangt, daß es ab spätestens 8 Uhr 15 Leistung erbringt. Und dann wundern sich Lehrer und Eltern über die mangelnde Konzentration!

Mein Traum von Schulen, die am Vormittag die Taggeborenen und am Nachmittag die Nachtgeborenen unterrichten, wird mit Sicherheit genauso ein Traum bleiben wie der von Lehrstätten, die sich nach einer gemeinsamen Grundschule auf die individuelle Ausbildung von Bild- und Abstrakt-Denkern spezialisieren.

Auf dieser Basis könnten dann auch die Talente eines jeden einzelnen wirklich zum Tragen kommen, sich tatsächlich herauskristallisieren. Talente sind unter anderem ja auch die Hinweise, auf welcher Basis sich das Schicksal abspielen soll. Doch wie immer, können auch hier der freie Wille, oder besser gesagt, die Umstände, in die wir uns hineinschieben lassen, eine ungeheure Rolle spielen.

Wieviele begnadete Künstler sind nie zur vollen Entfaltung ihres Talents gelangt, weil ihre Eltern befanden, daß die Ausübung eines solchen Talentes nur eine »brotlose Kunst« sei. Überschattet von dieser kleingeistigen Einstellung wird dann eine »gesicherte Existenz« als Beamter oder Angestellter gewählt und damit das Talent buchstäblich verschenkt, das nunmehr verdammt ist, als Hobby sein Da-Sein zu fristen.

Talent ist eine Verpflichtung. Nicht umsonst wurde es uns gewährt, nicht umsonst haben wir eine genetische Basis erwählt, die diesem Talent seine Umsetzung auf materieller Basis ermöglicht. Viele verpfuschte Schicksale beruhen auf der Negation von Veranlagungen, der Unterdrückung von wegweisenden Begabungen.

Die diesbezügliche Durchsage gebe ich wörtlich wieder. Sie stammt aus den Jahren vor meiner Karriere als Sängerin. Und nicht umsonst spielt in dieser Durchsage auch Astrologie eine nicht zu übersehende Rolle.

VERANLAGUNGEN, TALENTE UND DIE PFLICHT, SIE ZU ERKENNEN

Als Du Dich zu Deiner jetzigen Inkarnation entschlossen hattest, wurde Dein Schicksalsplan sorgfältig zusammengestellt.

Es ist dies unter Deiner Mitarbeit und mit Deiner Zustimmung geschehen. Du hast um die Möglichkeit der Verwirklichung mehrerer Talente gebeten, die Du im Laufe vieler Inkarnationen angesammelt und angereichert hast, und da es im Rahmen Deines Schicksalsablaufes und der Vervollkommnung Deiner Persönlichkeit dienlich war, hast Du eine elterliche genetische Grundlage zur Verfügung gestellt bekommen, die es Dir ermöglicht, alle Deine Fähigkeiten zu verwirklichen. Diese Talente wurden Dir aber nicht zur Verfügung gestellt, um Deiner Eitelkeit genüge zu tun, sondern vor allem, um anderen zu nützen. Mit Deinen Talenten sollst Du anderen helfen, Freude bereiten und ihren Weg bereichern und erleichtern.

Solltest Du dieser Pflicht nicht nachkommen wollen, so wird sich das mißbrauchte Talent gegen Dich kehren.

Du trägst in Dir tiefes Wissen um die Heilkräfte von Tönen, um die Wirkungen von Rhythmus und Klängen, von der Macht der Musik.

Dieses Wissen umzusetzen ist Deine Aufgabe.

In Deiner Stimme wird die Macht sein.

Wenn Du sie mißbrauchst, wird sie Dir genommen werden.

Gesang ist fließende Energie.

Du bist also verpflichtet, für ein harmonisches Inneres zu sorgen, da die Energie durch Dich fließt, von Dir gefärbt wird und so an andere weitergegeben wird. Das, was Du bist, wirklich bist, wirst Du in anderen widerspiegeln und auslösen. Und es wird auf Dich zurückkommen. Du bist nicht der Erzeuger, aber der Mittler.

Wenn Du die Energie negativ veränderst, so bist Du dafür verantwortlich.

Tritt nie vor Menschen, wenn Du dich nicht eins mit der Harmonie fühlst, wenn Du nicht voller Gedanken der Liebe bist.

Du darfst nie daran denken, was Du für Deine Leistung bekommen wirst, denn Du bist zuallererst der Geber, und das ist es, worauf Du dich konzentrieren sollst. Jeder Ton, den Du singst, jedes Wort löst etwas aus und kommt auf Dich zurück. Prüfe also, was Du singst und sagst.

Selbstverständlich soll Dein Lebensunterhalt durch Deine Talente gesichert sein, aber da Du mit fließender Energie zu tun hast, sollst Du auch die Dinge, die damit zu tun haben, fließen lassen.

Versuche nie zu halten, zu horten.

Was Du bekommst, sollst Du weitergeben.

Du mußt das rechte Maß selber finden, damit umgehen lernen.

Eine gleichmäßige, begriffene Energievermittlung ist besser als eine emotionale, unverstandene. Mag sein, daß Du äußerlich gesehen mit letz-

terer mehr auslöst, doch erstere ist die wahre Kunst. Die Liebe der Menschen wirst Du durch ihr Lachen und ihr Weinen bekommen, nicht durch die Befriedigung triebhafter Bedürfnisse.

Lachen und Weinen löst Verknotungen in den Chakras.

Doch zuerst mußt Du das Lachen und Weinen in Dir tragen, bevor Du es bei anderen auslösen kannst.

Durch Dich werden sich Menschen selbst erkennen, weil Du alles in Dir trägst, was ein Mensch in sich tragen kann, Gutes wie Böses. Deswegen mußt Du Herr Deiner selbst werden, denn Du darfst nur Spiegel sein.

Die Liebe, die Bewunderung, die man Dir entgegenbringen wird, meint eigentlich nicht Dich, sondern das, was Du vermittelst. Sei also demütig und dankbar, daß Du Mittler sein darfst.

Und prüfe genau, für was Du Dich als Mittler hergibst.

Laß Dich nicht mißbrauchen. Damit würdest Du Deine Aufgabe verraten. Du hast in Deinem Kosmogramm das 10er Haus in den Zwillingen stehen. Es ist also Deine Pflicht, Deine Talente an die Öffentlichkeit zu bringen. Aber Du hast auch den Mond in den Fischen stehen, bist also mit einem hohen Maß an Intuition ausgestattet, die Dich auch durchlässig macht für vieles.

Deswegen wirst Du die Balance zwischen Öf-

fentlichkeitsarbeit und Zurückgezogenheit sehr sorgfältig halten müssen, sonst wirst Du aus dem Gleichgewicht kommen.

Es stört Dich, daß ich so viel von Pflicht spreche? Deine ganze Inkarnation ist eine selbstgewählte Pflicht, an der Du umso mehr Freude haben wirst, je mehr Du ihr nachkommst.

Du mußt unbedingt lernen, in der Harmonie zu leben.

Versuche nicht, in einer Zeit der Ruhe (er meint Saturn-Zeiten, die Zeiten der Beschränkung und auch manchmal der Isolation, der Zurückgezogenheit sind) Dich mit Dingen zu beschäftigen, die Unruhestifter sind. Wenn Du Dich gegen die Ruhe stellst, wird sie Dich zwingen, sie zu achten (sic!). Wenn Du Dich in sie fügst und sie nicht als Beschränkung empfindest, wirst Du gestärkt und klar aus ihr hervorgehen. Nimm den Wechsel dankbar an: HANDLE NICHT DAGEGEN! Du hast Dich bei Deiner Geburt in den Ablauf der Gestirne so eingefügt, daß Dein Mitschwingen in der von ihnen erzeugten Energie-Konstellation Dir nur nützen kann. Lerne die Vorzeichen zu deuten, die Zeichen zu lesen, und handle nicht dagegen.

(Dieser Hinweis schien so wichtig, daß er zweimal kam.)

Das Wichtigste aber ist, daß Du die Menschen liebst, für die Du der Mittler bist.

Du hast auch das Talent der Sprache gewährt

bekommen, zusammen mit der Ausdrucksform der Schrift.

Erst in der vollkommenen Verbindung wirst Du die Einheit von Musik, Gesang, Schrift und Sprache verstehen und vermitteln können.

(Was ist die vollkommene Verbindung?)

Wenn Melodie, Harmonie und Rhythmus genau übereinstimmen mit der Schwingung des dazu verwendeten Wortes.

Und wenn der Mittler im Stande der Liebe ist.

Wenn Ich diese Durchsagen heute schreibe und durchlese, dann komme ich mir vor wie der berühmte Herr Müller, der von jemandem die Lottozahlen der kommenden Woche vorausgesagt bekam, aber leider vergaß, den Schein abzugeben. Doch ich will jetzt nicht mein persönliches Schicksal kommentieren, sondern das, was Sie dieser Durchsage entnehmen können.

Nur so viel sei gesagt: Jedesmal, wenn ich anfing, etwas anderes zu tun als das mir Bestimmte, dann geriet mein Leben in so abstruser Weise aus den Fugen, daß ich das Gefühl hatte, mir würde hartnäckig der Boden unter den Füßen weggezogen.

Die Rolle der Astrologie in dieser Durchsage ist nicht zu übersehen. Deswegen werde ich noch einmal kurz darauf eingehen.

Hier wird klar und deutlich gesagt, für was

Astrologie verwendet werden soll, nämlich um Eigenschaften, Bestimmungen, Richtungen klarzustellen und um festzustellen, wann die Zeit für bestimmte Aktionen günstig ist und wann nicht. Zeiten der Stagnation haben einen tiefen Sinn, Einsamkeit kann ein Geschenk sein, Krankheit eine Chance, wenn man bereit ist zu akzeptieren, still zu halten, fließen zu lassen. Zeiten der Expansion sind nicht dazu da, bescheiden in der Ecke zu sitzen und sein Nestchen auszubauen. Für Hinweise dieser Art wären wir unseren Astrologen dankbar.

Wie schaffe ich es, größtmögliche Harmonie in mir, mit meiner Umwelt, mit den stellaren Einflüssen herzustellen?

Auch hierbei kann uns ein guter Astrologe helfen – wenn er was kann...

Grundtenor dieser Talent-Geschichte jedoch ist, daß Begabungen mit viel Liebe zum Wohl von anderen verwendet werden sollen, wodurch ein Kräfteaustausch (Geben – Nehmen) stattfindet, der Körper und Geist in Harmonie, daß heißt gesund erhält. So einfach ist das. Und so schwer.

Nur eine Geschichte dazu: In jungen Jahren half ich in einer Boutique aus, um mein Taschengeld zu verbessern. Der Laden ging nicht besonders gut, so daß ich viel Zeit hatte, täglich die Zeitungen zu studieren.

Vor lauter Langeweile las ich auch die Anzeigen. In einer stand zu lesen: *Sängerin für Wochenende in große Diskothek gesucht.*

Wochenende war ich noch nicht ausgelastet, also schrieb ich auf die Chiffre-Nummer, unter Angabe meiner Arbeitsadresse.

Einige Tage später öffnete sich die Ladentüre, und herein traten zwei Männer. Der eine eher untersetzt, etwas mollig, aber mit einem markanten Gesicht, der andere von unvergeßlicher Erscheinung: groß, schlank, mit hellen, durchdringenden Augen und einer fast durchsichtig erscheinenden Haut. Der eine war der Diskothekenbesitzer, der andere – Thorwald Dethlefsen.

Um sein Studium zu finanzieren arbeitete der künftige Psychologe als Veranstalter von Jugendnachmittagen in der Diskothek, arrangierte die Programme, fungierte als Moderator und beriet den Gastwirt, wie mir schien, nicht nur in dieser Richtung. Und auch ich kam, während er auf dem Tisch stehend Girlanden arrangierte, in den Genuß seines damals schon beachtlichen esoterischen Wissens, das er jedoch niemals aufdrängte, sondern immer beiläufig und in passenden Situationen von sich gab. Er beobachtete meine Auftritte mit scharfem Blick, erkannte schnell die Qualität, aber auch den Fehler, den Mangel. »Du wirst erst Erfolg haben, wenn Du sie liebst«, sagte er und machte eine Kopfbewegung zum vollbesetzten Saal hin. »Zuerst mußt Du *sie* lieben, Wenn Du das kannst, dann wirst Du Erfolg haben.« Er sah mich nachdenklich an. »Sehr viel Erfolg«, fügte er dann hinzu.

Leider war es mir nur kurze Zeit vergönnt, von ihm zu profitieren, und ich wäre auch damals noch nicht weit genug gewesen, die Dinge zu verstehen, die er dann meisterhaft in seinen Büchern weitergegeben hat. Doch das vorerst Wichtigste hatte er mir vermittelt. Ich hatte es zwar noch nicht verstanden, denn ich war der Ansicht, daß man gefälligst *mich* zuerst zu lieben hatte, doch der Same, die Ahnung des Wissens war gesät. Danke, Hermes!

Ich bin der Ansicht, daß man Dinge nur mit Freude weitergeben kann und auch nur Freude damit erzeugen kann, wenn man sich selbst daran erfreut. Deswegen sind unsere Ämter so freudlos, manche Restaurants so dumpf, viele Läden so unergiebig. Überall da, wo Leute arbeiten, nur um zu arbeiten, daß heißt, Geld zu verdienen, entsteht eine ungute Atmosphäre. Überall da, wo Menschen ohne Talent sich betätigen, entsteht ein liebeleerer Raum, der instinktiv ungern betreten wird.

Es ist nie zu spät für Talent. Ich kenne Hausfrauen, Beamte, Fußballer, Handarbeitslehrerinnen, Tiefbauingenieure und Stewardessen, die von heute auf morgen begriffen, um was es ging und »ausstiegen«. Und einstiegen in ein erfülltes und besseres *Sein*.

Es gehört nur anfänglich Mut dazu, denn der Entschluß heiligt das Ziel, und ich habe keinen, der den (berechtigten) Absprung wagte, scheitern sehen.

Das soll jetzt aber nicht heißen, daß jeder, der sich gerade nicht »fühlt«, nun des Handtuch werfen soll. Der Entschluß muß eine wirkliche Basis haben.

Es hat keinerlei charismatischen Hintergrund, wenn Fräulein Prittlbauer heute mit ihren 46 Jahren beschließt, Opernsängerin zu werden, weil sie in ihrem Busen schon immer den geheimen Drang zur Bühne und zu Höherem im allgemeinen verspürt hat.

Auch Talent hat eine reelle Grundlage. Und wirkliches Talent ist immer gepaart mit Berufung. Wie das Wort schon sagt, ruft da etwas. Wir brauchen also nur hinzuhören und zu vertrauen. In die Berufung.

In der vorhergehenden Durchsage ist eines meiner Talente unbeachtet geblieben. Wahrscheinlich, weil es ein Teiltalent ist: Ich kann beobachten.

Und das tue ich denn auch mit Hingabe seit Jahrzehnten.

Ein Ergebnis meiner Beobachtung möchte ich Ihnen nicht verschweigen: Keiner der Menschen, die in ihrer Bestimmung mit liebevoller Hingabe arbeiten oder gearbeitet haben, ist an Krebs erkrankt oder gestorben, keiner an einer unheilbaren Krankheit, keiner ist dahingesiecht.

Diejenigen, die krank wurden oder ewig dahinkränkelten, trugen alle in sich eine tiefe und unerfüllte Sehnsucht nach »etwas anderem«. Manchmal konnten sie es mit Worten nicht benennen. Und manchmal doch. Dann hieß es: »Weißt Du, eigentlich bin ich ja.......« oder »Eigentlich wollte ich ja immer.....«.

Diese beiden Ausreden, und nichts anderes sind sie, sind der schlimmste Vorwurf, den sich ein Mensch selbst machen kann. Denn er gibt zu, daß er *wußte,* daß seine Bestimmung jenseits seiner eigentlichen Betätigung liegt. Und er hat nichts unternommen.

Solche Leute leben in einem unentwegten Dauerfrust, in einer konstanten Negativ-Eigenschwingung. Und dann wundern sich solche armen Geschöpfe, wenn sie dauernd krank sind. Ganz zu schweigen von der Verwunderung der armen Ärzte, die nicht wissen, mit was sie diese Patienten noch behandeln sollen. Es würde die Krankenversicherungen in der ganzen Welt sehr entlasten und auch verbilligen, wenn wir uns alle in unserer Bestimmung einfinden würden.

Natürlich bleiben dann noch immer genug Krankheiten.

Nämlich die, durch die wir lernen sollen, unsere Fehlhandlungen und unsere negativen Gedanken zu kontrollieren, und auch die gnädigen Krankheiten, die uns, manchmal auch etwas ungewollt, die Ruhepause verschaffen, die wir uns absolut nicht gönnen wollten. Wie hieß es doch vorher so schön? Du mußt lernen, die Vorzeichen zu deuten.

»Wie kann man denn einen Beinbruch vorher deuten«, sagt jemand aus dem Hintergrund.

Man kann. Auch ein Beinbruch kommt niemals ohne Ankündigung, wie man mir sagte......

KRANK-WERDEN UND GESUND-SEIN

Du bekommst immer die Krankheit, die Du verdienst.

In Deinen Krankheiten projizieren sich Deine Verdrängungen, das, was Du nicht wahrhaben willst, das, was Du von Dir schieben möchtest. Deine unentwegten Kopfschmerzen kommen daher, daß Du Dich mit Deinen Problemen nicht auseinandersetzen möchtest. Wenn Du Kopfschmerzen hast, hast Du eine Entschuldigung dafür, daß Du an nichts denken möchtest.

(Es folgte eine Auflistung der Probleme, mit deren Bewältigung ich zeitlebens Schwierigkeiten hatte und habe und die ich aus verständlichen Gründen hier nicht wiedergeben möchte.)

Deine Anfälligkeit für Erkältungskrankheiten hat damit zu tun, daß Du nicht fließen lassen kannst. Du willst immer halten, das ist der Fehler. Du kannst Liebe nicht halten, Erfolg nicht halten; und auch Wohlstand und Ansehen unterliegen dem polaren Gesetz des Wandels. Die Angst um den Verlust liegt Dir wie ein Stein auf der Brust, läßt Dich nicht richtig atmen. Daher kommen Deine bronchialen Beschwerden. Du fühlst Dich ständig überlastet, bedroht, unsicher. Deswegen hast Du auch diese Rückenschmerzen und Ischias.

Dein Körper reagiert auf die physische Belastung, die Du ihm unentwegt zumutest.

Du meinst auch noch immer, daß Liebe mit Leistung und Leid verbunden sein muß. Du hast Dir dieses Empfindungsschema vermitteln lassen und hast es in Deinem Unterbewußtsein akzeptiert, da Du als Kind Liebe mit Leistung erkaufen mußtest. Doch nun bist Du reif genug, um diesen an Dir begangenen Fehler zu erkennen und aus Deinem Unterbewußtsein zu verbannen. Die Liebe Deiner Nächsten gehört zu Deinen Geburtsrechten, so, wie es zu Deinen Geburtspflichten gehört, den Nächsten zu lieben.

Alle Empfindungen, alle Gedanken, die Du hegst, manifestieren sich in Deinen Geist- und Körperzellen und hinterlassen dort Spuren im positiven wie im negativen Sinne.

Negative Gedankenschwingungen schwächen Deine Körperzellen und Dein Immunsystem; Dein Schutzmantel wird porös, durchlässig, und so können sich die Auswirkungen manifestieren in Form von Krankheit.

(Aber es gibt doch auch erbliche Krankheiten?)

Ich habe Dir schon einmal erklärt, daß die genetische Basis nur die Grundlage ist, auf der sich Dein Programm in physischem wie psychischem Sinne abspielen kann. Wenn Du zum Beispiel eine Mutter wählst, die anfällig für Schuppenflechte ist, dann tust Du das, weil Du das gleiche Problem zu verarbeiten hast wie sie, was in diesem Falle nur die Bildung eines Schutzpanzers darstellt, der vor unerwünschten Einflüssen und vor Angriffen schützen soll. Dieses vermehrte Schutzbedürfnis, diese Angst vor Verletzung war aber schon vorhanden, bevor Du inkarniert wurdest. Die Psoriasis der Mutter gibt Dir nur die Möglichkeit, Dich in Deiner Genetik in diesem Punkt anzuschließen.

So ist es auch mit Krebs.

Die Erb-Bereitschaft geht von Dir aus. Es ist also keiner Deiner Vorfahren »schuld« an irgendwelchen Krankheiten, in die Du Dich eingeklinkt hast, denn es ist ja Dein freier Wille, diese Konstellation zu übernehmen oder nicht.

Jede Krankheit spiegelt die Symptome der Zeit, in der sie auftritt. Krebs ist ein Spiegel heutiger Probleme.

(Man sagt, Krebs wird durch Streß hervorgerufen. Stimmt das?)

Das kommt darauf an, was Du unter Streß verstehst. Im normalen Sprachgebrauch wird Streß als Synonym für berufliche Überbelastung verwendet. Wenn Du es aber gleichbedeutend mit Überforderung auf seelisch-geistig-körperlichem Gebiet nimmst, dann stimmt die Annahme.

Ich sagte vorher: ein Spiegel. Wenn ein Mensch Krebs bekommt, so machen sich seine Körperzellen selbst-ständig, sie befreien sich aus dem gemeinschaftlichen Zusammenhalt, sie eröffnen eine Kolonie auf eigene Rechnung, unter eigener Regie, auf Kosten der Allgemeinheit, also des Körpers. Siehst Du den Zusammenhang?

Oder nimm die Depression. Depression ent-

steht aus der Angst, gewissen Anforderungen nicht gewachsen zu sein, aus der Empfindung, aufgelastete Verantwortung nicht mehr er-tragen zu können. Der Betroffene flüchtet sich in eine psychische Starre. Dadurch entzieht er sich der Pflicht, mitmachen zu müssen im allgemeinen Programm, durch das er sich überfordert fühlt.

(Nicht umsonst wurde dieses Thema angesprochen. Depressionen kannte ich seit Jahren zur Genüge. Meine Frage nach Heilung entsprang also einem höchstpersönlichen Interesse.)

Wenn Du glaubst, Du kommst dem Übel mit Tabletten bei, so sage ich Dir, daß dies ein folgenschwerer Trugschluß ist. Du schiebst nur auf, um später mit einer noch schwereren Form des Leidens konfrontiert zu werden. Geheilt werden kann dieser Mangel nur dadurch, daß Du lernst, mit Deinen Ängsten umzugehen, das heißt, ihnen ins Gesicht zu schauen und Dich ihnen zu stellen. Dazu gehört zuallererst Ehrlichkeit Dir selbst gegenüber. Vielleicht die Ehrlichkeit zuzugeben, daß Du Deine Ziele zu hoch gesteckt hast, Dich auf Dinge eingelassen hast, die außerhalb Deiner Möglichkeiten liegen, Deine Grenzen nicht geachtet hast. Eine Depression ist immer ein Zeichen dafür, daß Dein Lebensprogramm nicht mehr in der Dir zugedachten Form abläuft. Du mußt also das Programm wieder ins Lot bringen, womöglich mit Hilfe anderer.

Setze Dich mit der Zeit vor der Depression auseinander. Sie hat zu dieser Erscheinung geführt. Wann hast Du angefangen, aus Deinem Programm herauszubrechen? Versuche, Schritt für Schritt wieder ins Gleichgewicht zu kommen, nicht mit Gewalt von heute auf morgen. Der Vorgang der Stabilisierung muß sich genauso langsam vollziehen wie der Vorgang der Destabilisierung.

(Was ist mit der Schlaflosigkeit?)

Schlaflosigkeit ist nichts anderes als die Angst vor Schlaf, die Angst, das Wach-Sein loszulassen. Menschen, die nicht bewußt leben, haben Schwierigkeiten, sich dem Schlaf hinzugeben. Je klarer eine Grenze ist, desto bewußter kann sie überschritten werden. Lasse Dich nicht von anderen leben, dann bist Du auch Herr über Deinen Schlaf.

Je bewußter Du lebst, je klarer Du die Zeichen erkennst (schon wieder!) je direkter Du reagierst, desto widerstandsfähiger wirst Du in jeder Beziehung werden.

Vor allem: Fürchte Dich nicht!

Da war es schon wieder, dieses »Fürchte Dich nicht!« Ich kam mir eigentlich nicht besonders furchtsam vor. Es mußte also »eigentlich« etwas anderes gemeint sein. Wenn das Wort »fürchten« am Ende einer langen Besprechung über Krankheit kam, und nicht nur einmal kam, dann mußte, es noch eine andere tiefere Bedeutung haben. Ich holte meine Tagebücher heraus und forschte nach, zu welchen Gelegenheiten ich es vorgezogen hatte, krank zu werden.

Und siehe da, es war immer anläßlich von Lebenssituationen, die entweder eine Veränderung anzeigten, oder in denen meine Vorstellungen sich nicht mehr verwirklichen ließen, oder in denen ich mich in meinem Stolz oder meiner Eitelkeit verletzt gefühlt hatte. Immer jedenfalls sah ich mich unterbewußt veranlaßt, mich gegen etwas wehren zu müssen. Wobei das »etwas« in einem Fall meine persönliche Umgebung war, im anderen Fall ein beruflicher Programmpunkt, der mir nicht behagte, und in einer anderen Situation wollte ich wohl bestätigt bekommen, wie unersetzlich ich war.

Beachtlich war auch, daß vor jedem Ernstfall verschiedene »Probeläufe« stattgefunden hatten.

Vor schweren Erkältungen wurde ich auffallend heiser oder hüstelte tagelang herum. »Richtig« krank wurde ich allerdings erst, nachdem niemand von diesen Symptomen Notiz genommen hatte.

Bei einem Armbruch, so stellte ich bei nachträglichen Recherchen fest, war ich vorher mindestens dreimal ausgerutscht oder angeeckt, was mich wenige Tage später jedoch nicht davon abhalten konnte, vom Rad zu fallen. Ich frage mich heute, wie ich überhaupt auf die Idee kam, auf ein Rad (!) zu steigen. Ich *kann* nämlich überhaupt nicht Radfahren.

Um es kurz zu sagen: Jede Krankheit wird von Ihnen selbst erzeugt, was automatisch die Logik beinhaltet, daß *Sie* es auch sein müssen, der diese Krankheit wieder in Ordnung bringen muß. Und zwar nicht äußerlich, dafür haben wir ja unsere Ärzte, sondern innerlich, in Ihrem Bewußt-Sein. Der begnadetste Heiler kann mit den genialsten Behandlungsmethoden nur scheitern, wenn er sie an einen Patienten verwendet, der nicht begreifen will oder der nicht bereit ist, an seinem Heilungsprozeß bereitwillig mitzuarbeiten.

Wer nicht gesund sein will, signalisiert nichts anderes, als daß er nicht bereit ist, in und an der Gemeinschaft mitzuarbeiten. So dirigiert er sich selbst ins Abseits. Wiederum ist hier liebevolle Hilfe angesagt.

Gott schenke uns liebevolle, die Ganzheit begreifende Ärzte, die sich die Mühe machen, uns über die Zusammenhänge aufzuklären. Das kostet Zeit und bringt wenig Geld, was dem Anspruch unseres Zeitgeistes widerspricht. Welcher Arzt nimmt sich denn heute noch die Mühe, jeder Behandlung zum Beispiel den entsprechenden Ernährungsplan beizufügen?

Ich mußte satte vierzig Jahre alt werden, bis ich begriff, daß mein Essen eine gewaltige Rolle in meinem Leben spielt. Und natürlich nicht nur in *meinem* Leben. Aber leider muß man immer zuerst an sich selbst lernen.

Wie ich schon sagte, beobachte ich gerne. Ich bin bissig genug, heute zu sagen, es wäre besser gewesen, ich hätte die anderen ein bißchen weniger und mich selbst ein bißchen mehr beobachtet, dann wären mir gewisse Zusammenhänge schon früher aufgefallen. Die Rolle, die mein profundes Desinteresse meinem Körper gegenüber in meinem Leben spielt, habe ich bezeichnenderweise erst in den letzten Jahren herausgefunden. Dazu gehört natürlich auch die verheerende Form meiner Verköstigung. Ich würde mein persönliches Futterprogramm hier nicht so an die Öffentlichkeit bringen, wenn ich nicht aus Erfahrung wüßte, daß ich mit diesem destruktiven Verhalten durchaus nicht allein auf weiter Flur stehe.

Ich weiß nicht, wie oft mir in den Durchsagen meine Ernährungsfehler vorgehalten wurden. Ich habe auf diese Ermahnungen immer nur sehr vage reagiert, weil mir dieses Thema als zu wenig geistig erschien. Wie in vielem habe ich die Zusammenhänge nicht durchschauen können. Die Folge war, daß ich Kreislaufstörungen, Gedächtnisschwächen und schlechte Zähne bekam, ganz zu schweigen von dem Mißverhältnis der Proportionen, das sich im Lauf der Zeit einzustellen begann. Ich muß vorausschicken, daß ich ein »Zukkerfresser« bin, also das Schlimmste, was es ernährungsmäßig gesehen überhaupt gibt. Für Leute, die sich mit Nahrungsmittel-Bedürfnissen auskennen, ist jetzt natürlich schon alles klar: Aha, da hat eine versucht, sich Liebe zu erfressen. Mag schon sein. Aber das ist gar nicht der Punkt, auf den ich eigentlich kommen will.

Denn es zeigte sich, daß ich Süßigkeiten kiloweise (fr-)essen konnte, und dabei kein Gramm zunahm. Ich war dünn wie ein Strich. Also sah ich auch keine Veranlassung, meinen Ernährungsplan zu ändern. Bis im »Alter« dann plötzlich die schon vorher geschilderten Zipperlein auftraten.

Plötzlich sah ich mich gezwungen, mich mit den ernährungswissenschaftlichen Dingen zu beschäftigen, die ich ja längst gelernt hatte. Und sofort begannen sich um mich »Myriaden« von Menschen zu sammeln, die ebenfalls Ernährungsprobleme hatten (siehe Thema Selbstmord.) Ich hatte also die hehre Freude, meine Fehler auch noch stündlich durch meine lieben Mitmenschen vor Augen gehalten zu bekommen, die auf einmal nichts Dringenderes zu tun hatten, als mich unentwegt mit Futter-Problemen zu konfrontieren.

Zum ersten Male erinnerte ich mich auch, daß meine Oma mir schon als junges Mädchen meine vier Stück Zucker immer mit der Bemerkung verbitterte: »Wirst bald sklerotisch werden.« Aber wer nimmt sowas schon ernst mit 13 Jahren?

Also grub ich meine Bücher aus, kaufte neuere Werke dazu und begriff plötzlich, was ich angestellt hatte mit meiner jahrelangen Ignoranz. Plötzlich erschien mir das Thema gar nicht mehr so ungeistig wie noch vor ein paar Jahren, und so wandte ich mich an einen »Jenseitigen«, der mir durch seine Schnauze und sein Fachwissen von Anfang an aufgefallen war. Da hier keine Copyright-Bedenken bestehen, kann ich den Urheber der folgenden Aussagen ohne weiteres nennen, denn der Mann ist seit mehreren Jahrhunderten tot. Es handelt sich um den Leibarzt Karls des IV, eines Kaisers des Heiligen Römischen Reiches Deutscher Nation.

Ich weiß nicht, habe leider nie nachgefragt und bekomme ihn zu meinem Bedauern momentan auch nicht »an die Strippe«, um zu klären, ob er zwischen dem 14. und dem 20. Jahrhundert zwischenzeitlich noch einmal »niedergekommen« war. Denn seine medizinischen Kommentare und Anweisungen waren immer äußerst präzise, treffend und durchaus nicht veraltet. Zwischendurch beliebte es ihm, seine Traktate mit altertümlichen lateinischen Begriffen zu spicken, was er aber nur tat, wenn jetztzeitliche Kollegen seine Meinung erheischten. Sprach er mit mir, machte er sich meistens lustig, war immer ziemlich respektlos (kein Wunder), erwies sich aber als menschlichster Tröster und Berater in Notlagen.

Als »Bezahlung« für seine Beratungen forderte er mich regelmäßig auf zu singen, wobei er genaue Anweisungen bezüglich der Programmauswahl von sich gab, was nicht immer ohne Schwierigkeiten für mich ablief, denn er liebte französische Volkslieder. Manchmal gab er ein Lied »in Auftrag«, und ich hatte dann meine liebe Mühe, das Material aufzutreiben. Wo findet man heutzutage schon Lieder aus dem 14. Jahrhundert? Noch dazu aus Frankreich!!

Wir gaben uns jedenfalls die größte Mühe miteinander, was, soweit es mich betrifft, reiche Früchte getragen hat.

Ich weiß nicht, wo der Mann, der sich Lukas nannte, abgeblieben ist. Manchmal meine ich, ihn kurzfristig zu hören, schaffe es aber seit zehn Monaten nicht mehr, ihn eindeutig zu »channeln« (ha, ha).

Seine Anweisungen in Richtung Ernährung, Kräuterheilkunde und Heilung durch Wasser waren äußerst interessant, wurden aber noch übertroffen von der Art und Weise, wie er den Hofklatsch seiner Zeit kolportierte.

Meine Kenntnisse über Margarete Maultasch, eine 1318 geborene Tiroler Landgräfin, die mit Johann von Böhmen, einem Bruder Karls IV., verheiratet war, stammen fast ausschließlich aus dieser Quelle.

Ich habe den Stil der Durchsagen beibehalten,

damit Sie Ihren Spaß daran haben können, aber auch, damit Sie sehen, wie verschieden der Durchsagemodus sein konnte. Manchmal kam es vor, daß ich mehrere Sprecher gleichzeitig serviert bekam, die sich dann selbst ins Wort fielen oder sich gegenseitig verbesserten. Ich weiß nicht, was ich dafür gäbe, diese Sitzungen in den Bereich des allgemein Hörbaren bringen zu können. So muß eben die Schrift genügen, die im O-Ton gehalten ist.

ERNÄHRUNG UND KÖRPERERTÜCHTIGUNG

Würdest Du bitte zuerst lüften?

Wenn Du schon nicht an die Luft gehst, dann mach wenigstens einmal pro Woche die Fenster auf. ... Danke.

Stell bitte den Zigarettenfriedhof hinaus, der Gestank ist mir unerträglich.

Ich habe nicht gesagt, daß ich es riechen kann, ich habe gesagt, daß der Gestank unerträglich ist.

(In einer längeren Diskussion wurde geklärt, daß die Schwingungsqualität der Atmosphäre durch Nikotin wesentlich herabgemindert wird.)

Nein, Du brauchst überhaupt keine Brille. Du brauchst nur einen Monat lang frisches Gemüse zu essen. Du hast bestes Augenmaterial. Aber das beste Material kann der Attacke nicht standhalten, die Du tagtäglich dagegen reitest.

Erzähl mir nichts, 14 Stück Zucker!! Und das ist nur das, was ich in den letzten zwei Stunden gesehen habe. Wenn Du wüßtest, was Zucker mit Deinen Körpersäften anrichtet. Was ist das Schreckliches, was Du in diesem durchsichtigen Papier liegen hast?

(Es waren Madeleines, kleine Marmorkuchen.)

Eine abscheuliche Schwingung, garstig geradezu ... nein, da ist keine Milch drinnen, nur Zucker, billiger Kakao und Trockenpulver. Erzähl mir nichts, es ist alles nur eine Sache der Gewöhnung. Du hast Deinem Geschmackssinn ja keine Chance gegeben, sich in eine andere Richtung zu ent-

wickeln. Du bist total festgefahren. Ich kann das nicht ändern. Das mußt gefälligst Du tun.

Ich hab's schon gesagt, Du sollst frisches Gemüse essen, ja sicher meine ich rohes Gemüse, aber nicht nur wegen der Vitamine, sondern vor allem wegen der Lichtzellen.

(Wegen was??)

Pflanzen speichern Lichtzellen. Noch nie gehört, was?

(Was speichert denn Fleisch?)

Die Angst der Tiere vor dem Schlachten. Das ißt Du alles mit, das breitet sich alles aus in Deinem Körper.

Erzähl mir nichts, es gibt Pflanzen-Eiweiß, und ein Ei hat mehr Eiweiß, als Du verwerten kannst. Du kommst aus der Mineral-, der Pflanzen- und der Tierwelt von Deiner rein körperlichen Abstammung her gesehen. Deine Ernährung sollte aus allen drei Bereichen sein.

(Steine essen, was?)

Schon mal was von Kieselerde gehört oder von Magnesium oder von Eisen? Du solltest eine Woche lang nur Brennesseltee trinken und Löwenzahn essen. Nein, ohne Essig und Öl!

Das ist zum Reinigen. Du bist innerlich völlig verdreckt. Bei Dir arbeitet deshalb alles langsamer.

Das kommt auch daher, daß Du dich nicht bewegst. Kein Mensch erwartet, daß Du Hochlei-

stungssportlerin wirst. Einmal Schwimmen in der Woche hilft gar nichts. Du mußt jeden Tag etwas tun.

Erzähl mir nichts, Du hast heute mindestens eine Stunde nutzlos am Telefon vertan. Schade um die kostbare Zeit. Zum Kaffetrinken hast Du auch Zeit, mehr als nötig.

Zweimal eine Viertelstunde Gymnastik würde schon genügen – bei offenem Fester, versteht sich, und vor dem Essen.

Du solltest viel mehr Tee trinken – nein, nicht schwarzen Tee, sondern Kräutertee. Und Mineralwasser mit ein bißchen Meersalz darinnen. Ein paar Körnchen, oder Zitrone.

Kümmere Dich mal um Trennkost, das wäre gut für Dich. Man trennt Kohlehydrate und Eiweiß. Das ist hervorragend für den ganzen Organismus, weil es bewirkt, daß die Körpersäfte sich eindeutig entwickeln können. Sehr wichtig für die Verdauung.

Du darfst keinen Salat und kein Obst am Abend essen. Das gärt nachts.

Da redet Ihr immer von Polarität, aber in der Ernährung kriegst Du das überhaupt nicht hin. Ich will es Dir einfach machen: Wenn Du für alles Süße, das Du vertilgst, dieselbe Menge Nahrungsmittel in saurer Konsistenz zu Dir nehmen würdest, dann... Soll das Spaß machen? Ich habe Dir doch gesagt, trenn Eiweiß und Kohlehydrate, das meine ich mit süß und sauer. Wenn Du den Ausgleich einhalten würdest, könntest Du nie dick werden.

(Ich bin nicht dick!)

Wart's nur ab, wenn Du erst jeden Tag ein paar Stunden am Schreibpult sitzt! Dann wird's erst losgehen mit den Verdauungsschwierigkeiten. Dann wirst Du Dich erst über Deine Augen beklagen können. Das hat aber nur mit den übersäuerten Körpersäften zu tun; benutz ja keine Brille.

Außerdem atmest Du falsch, zu flach nämlich, und Du hast eine grauenvolle Haltung. Wenn Du richtig atmen würdest, würde sich Deine Haltung automatisch ändern. Ja, beim Singen machst Du's richtig, aber anscheinend atmest Du nur richtig, wenn Du dafür bezahlt wirst. Du quetscht dauernd Dein Zwerchfell. Was das macht? Da befindet sich Dein Solarplexus, Dein Energiemittelpunkt, Hauptumschlagplatz für Energie in Deinem Körper. Man sieht eben immer wieder, daß Dein Bewußtsein nicht richtig ausgebildet ist. Sonst würdest Du das alles selber merken.

Erzähl mir nichts! Wenn Du es weißt und trotzdem nichts tust, dann ist es umso schlimmer. Wie soll das werden, wenn Du alt bist? Dann willst Du wohl Deine armen Enkel mit den Folgen Deiner Nachlässigkeit belasten.

Außerdem muß ich Dir sagen, daß Du schneller altern wirst, wenn Du nicht in der Lage bist, Ener-

gie ungehindert fließen zu lassen, ohne Blockaden.

Zucker baut Blockaden auf, alle Genußmittel bauen Blockaden auf, Nikotin baut Blockaden auf, wenigstens trinkst Du nicht, das würde gerade noch fehlen.

Wenn Du Deine Intuition doch auf dieses Gebiet verwenden würdest! Hör doch einmal in Deinen Körper, nach innen, bevor Du Dir Eßbares in den Mund schiebst. Und richte Dich nach dem Ja und nach dem Nein, das Du hörst. Du kannst doch pendeln. Pendle doch einmal Deine Nahrungsmittel aus. Geht ganz einfach. Einigen wir uns darauf, daß senkrechter Pendelausschwung für Dich geeignetes Essensmaterial ist und waagrechter ungeeignetes. Das mußt Du aber dann öfter machen. Manchmal ist etwas, was gestern negativ war, am nächsten Tag notwendig.

Beschäftige Dich doch auch ein bißchen mit Kräuterkunde.

(Es gibt schon eine Maria Treben!)

Ja, der wiedergeborene Kneipp (!!) hat viel Ahnung; ich wünschte, Du hättest einen Bruchteil davon. Überhaupt wünschte ich, Ihr würdet mehr mit Kräutern heilen, dann bräuchtet Ihr die Chemie nicht mehr. Ich habe allein sieben Jahre lang nur die Verschiedenartigkeit und die Wirkungen der Kräuter und Pflanzen studiert. Und die Heilkraft der Farben auch. Ihr habt das alles vergessen.

Aber die Zeit wird kommen, wo Ihr das alles wieder hervorholen müßt, weil Ihr sonst nichts mehr habt.

(Leider ließ er sich zu dem Thema nicht weiter befragen, aber ich glaube, daß er damit auf eine Zeit anspielen wollte, von der viele Hellseher und Propheten gesprochen haben: die Zeit nach der großen Katastrophe, die uns angeblich noch in diesem Jahrtausend bevorsteht.)

Wenn ich Lukas' Angaben heute durchlese, dann kommen mir seine Durchsagen viel inhaltsträchtiger vor, als ich sie vor Jahren empfunden habe. Natürlich hat er seine Informationen meinem Wissensstand angepaßt, der, wie ich zugeben muß, sehr gering war.

Wenn man die Hinweise auseinandernimmt, dann kommt man auf Gebiete, die einzeln behandelt von größter Wichtigkeit sind.

Lukas hat sich zum Beispiel immer gegen das Wort »Sport« gewehrt. Er bestand auf »Körperertüchtigung«. Als Jogging einstens kurzzeitig zum Volkssport zu werden drohte, unterhielt ich mich mit ihm darüber, und er sagte wörtlich, das sei der größte Blödsinn, den er seit langem auf diesem Gebiet beobachtet habe. Aber wirklich in Rage geriet er über Aerobic. Eine einzige Schädigung, so alterierte er sich immer wieder, so eine nachhaltige Schädigung müsse gesetzlich verboten werden. Nun, dieses Thema hat sich gottlob von selbst erledigt, da die Mängel zu offensichtlich waren.

Von Lukas habe ich auch, leider erst Anfang letzten Jahres, gelernt, daß jede beginnende Erkältung dadurch gestoppt werden kann, daß man mit Salzwasser inhaliert und *gleichzeitig* die Füße bis fast zu den Knien in heißes Salzwasser stellt. Dabei darf man keine feste Nahrung mehr zu sich nehmen, sondern nur die berühmten Kräutertees trinken. »Nimm ja keine Vitamintabletten«, sagte er zu solchen Anlässen immer wieder, »du fütterst auch den Gegner.«

Durch ihn lernte ich auch, wie wichtig Atmen, richtiges Atmen ist. Die Anweisungen führe ich hier nicht auf, weil sie sich mit den Empfehlungen des Atem-Therapeuten Johannes Walter vollkommen decken, der ein ganzes Buch nur über dieses Thema geschrieben hat.*

Alles in allem wurde mir gesagt, daß Krankheit

a) durch Einwirkung negativer Gedankenenergie auf die Zellen des geistigen und physischen Leibes,
b) durch die Blockade des Energieflusses zwischen den sieben Chakras
c) durch Aufarbeitung karmischer Regresse

zum Ausdruck kommt.

---

* Johannes Walter, Die heilende Kraft des Atmens, München 1988.

Also dachte ich, daß einer der wichtigsten Punkte wohl das positive Denken sein müsse. Wenn negative Gedanken Krankheit erzeugen, dann erzeugen positive Gedanken Gesundheit. Also: Völker der Erde, denkt positiv. Dachte ich.

DER UNSINN DES POSITIVEN DENKENS UND SEINE NOTWENDIGKEIT

Stelle Dir vor, daß jedes gedachte Wort einen Ton erzeugt, und jeder Satz eine Melodie, die ewig bestehen bleibt und die jedermann nach Belieben abhören kann.

Ihr redet immer sehr viel von positivem Denken, und Ihr meint, daß Ihr Euch damit das Leben »schöndenken« könnt. Das ist vollkommen falsch. Wenn Du zum Beispiel jemanden haßt, weil er Dir Unrecht getan hat, dann mußt Du zuerst Deinen Haß erleben und erfühlen lernen, damit Du begreifen kannst, daß er sinnlos ist und Du ihn ohne Bedauern ablegen kannst. Aber zuerst mußt Du ihn wirklich empfunden haben. Erst dann kannst Du ihn durch Mitleid und Verständnis ersetzen. Die vollkommene Auflösung des Hasses geschieht nur durch Liebe. An ihr zerbricht der intensivste Haß.

Wenn Du jemandem sein Glück oder seinen Erfolg neidest, dann mußt Du diesen Neid bis ins Innerste empfinden lernen, um erkennen zu können, daß es lächerlich ist, Neid zu empfinden.

Wer neidet, hat nur selbst unerfüllte Wünsche und Ansprüche. Wenn Du lernst, Deinen Platz zu erkennen, Deine Aufgabe zu erfüllen, dann wirst Du die Reife bekommen, Deinen Neid durch Bewunderung und freundliche Anteilnahme zu ersetzen.

Vollkommen aufgelöst wird der Neid durch die Liebe. An ihr zerbricht der intensivste Neid.

Unterdrücke Deine negativen Empfindungen nicht, sondern lebe sie aus. Nur dadurch lernst Du, mit ihnen umzugehen. Wenn Du sie unterdrückst, wirst Du agressiv werden und diese Agression wird sich gegen Dich selbst kehren.

Aus der Verarbeitung Deiner Negativ-Empfindungen muß sich Dein positives Denkvermögen genauso kontinuierlich entwickeln wie alles, was einen Reifeprozeß erfordert. Dazu hast Du Dich inkarniert, um zu lernen mit diesen Gefühlen umzugehen. Du würdest also gegen Dich selbst arbeiten, wenn Du sie unterdrücken würdest.

Hüte Dich vor Menschen, die immer betont edel und gütig wirken wollen und die für alles Verständnis zu haben scheinen. Diese Menschen erweisen sich im Ernstfall als die erbittertsten, nachtragendsten und haßerfülltesten Gegner, die ihr Verhalten dann damit rechtfertigen, daß sie das Recht und die Gerechtigkeit verkörpern, als deren Vollstrecker sie sich berufen fühlen. Sie sind die Ärmsten der Armen.

Ihr seid alle auf diesem Planeten Erde versammelt, um zu lernen und um aneinander zu lernen. Keiner soll sich besser vorkommen als der andere, keiner sich als der Richter des anderen aufspielen. Wäret Ihr vollkommen, dann hättet Ihr Euch nicht auf der Erde inkarnieren müssen.

Dein Gehirn ist ein Energiezentrum mit der Fähigkeit zu senden und zu empfangen. Du bist im-

stande, mit Deinen Gedanken energetische Gedankenbilder zu erzeugen, die so machtvoll sein können, daß sie von der Materie nachvollzogen werden müssen.

Deshalb ist größte Vorsicht geboten im Umgang mit Gedankenenergie. Denn wenn Du Dir mit Gedankenbildern ein Schicksalsumfeld heraufbeschwörst, das Deinen Lebensplan überfordert, so wird sich das materialisierte Bild gegen Dich wenden und Du wirst für Deine Anmaßung zahlen müssen.

(Erinnern Sie sich an die allseits bekannte Geschichte von dem Mann, der über Nacht zum Lottomillionär geworden war, und sich in begeisterten Reden äußerte, wie froh er sei, daß das ewige finanzielle Elend nun ein Ende habe. Genau derselbe Mann besaß Monate später keinen Pfennig mehr, und die Schulden standen ihm bis zum Hals. Bezeichnenderweise hatte dieser bedauernswerte Mensch verkündet, daß er unentwegt und felsenfest daran geglaubt habe, im Lotto zu gewinnen. Natürlich erfüllt sich so eine Imagination, wenn sie tagtäglich intensiv vollzogen wird. Doch zum Segen wird sie nur, wenn sie sich in das allgemeine Schicksalsprogramm fügen kann. In diesem Fall trug die Erfüllung der Imagination nur dazu bei, den Mann noch direkter mit seiner ursprünglichen Schicksalskonstellation, der Reifung durch Beschränkung nämlich, zu konfrontieren.)

Sei also vorsichtig mit Deinem Begehren und Deinem Wünschen. Lerne, in Dich zu hören.

Vor allem lerne, die Qualität des allerersten Eindruckes von Menschen und Situationen zu bewahren. Er ist der intuitive, also richtige Eindruck.

Erinnerst Du Dich, was Du dachtest, als du N.N. (er nannte den Namen eines Mannes, der in meinem Leben eine wichtige Rolle gespielt hatte) zu ersten Mal sahst? Kannst Du Deine Gedanken von damals, die Gedanken der ersten Minuten nachvollziehen?

(Ich konnte.)

Na bitte!

Erinnere Dich auch an die Gefühle, die Du bei Deinen zahllosen Umzügen bezüglich Deiner Wohnungen hattest. Was wäre Dir alles erspart geblieben, wenn Du Dich nach Deinem ersten Eindruck gerichtet hättest! Aber das hat auch alles damit zu tun, daß Du kein wirkliches Vertrauen in Deine Führung hast.

Das wäre zum Beispiel positives Denken!! Liebevolle Konzentration auf Deine Geistführer und Helfer, das wäre die Form von positivem Denken, die Du vermitteln solltest, nicht den Unsinn von schönen Kinobildern, die der Verwirklichung des Schicksalsplanes nur entgegenwirken.

(Woher soll ich denn nun wissen, welche Bilder, Imaginationen angemessen sind und welche nicht?)

Die Frage kann nicht Dein Ernst sein! Wie oft haben wir schon von Astrologie und ihrer sinnvollen Verwendung gesprochen? Du hast doch gelernt, ein Kosmogramm zu lesen, dann wirst Du doch auch in der Lage sein zu erkennen, welche Möglichkeiten Dir die Konstellationen lassen und welche nicht!

(Gesetzt den Fall, ich durchschaue meine Möglichkeiten. Wie bringe ich eine optimale Imagination zustande?)

Konzentriere Dich auf das, was Du möchtest. Stelle dir einfach den Anfang der Geschichte vor und lasse sie laufen, bis sie an einen Punkt gelangt, wo sie stagniert. Diesen Punkt schau Dir genau an, arbeite ihn genau aus, so daß Du, wenn Dir die Situation realiter widerfahren würde, in jedem Fall damit zurecht kommen könntest. Wiederhole das Bild solange, bis Du das Gefühl hast, daß es bis ins kleinste Detail »stimmt«, und dann behalte es bei, lasse es jeden Tag wieder erstehen. Du wirst sehen, daß sich Deine Lebensumstände in eine Richtung formieren werden, die der Erfüllung des Bildes immer näher kommen. Erwünsche Dir nichts voreilig. Überlege, was für Dich wirklich von Nutzen sein könnte.

(Ich mußte an das Märchen denken von dem Mann, der in den Himmel zu kommen glaubt und dem als Belohnung für seine angeblichen guten Taten nun tagtäglich seine Lieblingsspeise serviert *wird. Es dauert nicht lange, bis er ihrer überdrüssig wird und mit Schrecken feststellen muß, daß die Hölle viele Gesichter hat.)*

Du brauchst jetzt nicht anzufangen, Dich vor Deinen eigenen Bildern zu fürchten. Du mußt nur darauf achten, daß sie mit liebevoller Vorstellungskraft geformt werden. Was für einen Platz spielen Deine Nächsten in Deinen Imaginationen? Oder bist es nur Du selbst, die in Deinen Imaginationen eine Rolle spielt?

Positives Denken sollte nichts anderes sein als die Erzeugung liebevoller Gedankenenergie, die auf Menschen oder Situationsabläufe imaginiert wird.

Wenn Du geliebt werden willst, dann stelle Dir nicht vor, daß Du geliebt wirst, sondern schicke den betreffenden Personen Deine Liebe. Wenn Du Erfolg haben willst, dann stelle Dir nicht vor, wie Du Dich in Deinem Ruhm sonnst, sondern welche Freude Du durch Deine Aktivitäten Deiner Umwelt bereiten könntest.

Das ist positives Denken: Das Streben nach Glück und Liebe, um anderen Glück und Liebe weitergeben zu können.

So, das war es also. Positives Denken – eine Form der Nächstenliebe. Und in dieser Form wahrscheinlich der Schlüssel zum Paradies, zum Frieden.

Aber was für eine Forderung an unsere alltäglichen Gedankengänge! Ich glaube, es ist uns allen viel zu wenig bewußt, wie sehr wir miteinander verbunden sind. Durch unsere Herkunft, durch unsere Bestimmung, durch unsere Gedanken, Worte und Taten.

Wem ist es schon bewußt, was er mit einem Menschen teilt, mit dem er sich im selben Zimmer befindet. Daß der andere zum Beispiel die Luft einatmet, die man selbst in seinen Lungen gehabt hat, und umgekehrt?

Wenn der andere Empfänger und Sender ist wie ich, wieviel Aufmerksamkeit bin ich ihm schuldig, wieviel Zuwendung? Oder ist es gerade diese aufgezwungene Gemeinsamkeit, die uns so stumpf macht für die Gefühle und Erwartungen unseres Nächsten?

Der Nächste! Wie gerne sehen wir in unseren Nächsten nur diejenigen, die uns nahestehen und die wir lieben. Dabei sind es doch gerade die Außenseiter, die unsere Zuwendung, unsere guten Gedanken und unsere Hilfe brauchen. Aber wer setzt sich denn schon hin und projiziert auf den Penner, den er am Nachmittag in der Fußgängerzone hat herumlümmeln sehen, Gedanken des Lichtes und der Liebe? So bitter es auch aufstoßen mag – aber genau das war in der obigen Durchsage gemeint. Das positive Denken ist ein sozialer Vorgang. Oder sollte es zumindest sein.

Wir können also guten Mutes alle Bücher wegwerfen, die uns einreden wollen, daß positives Denken dazu verwendet werden soll, uns die Vorteile zu verschaffen, die uns ein angenehmes Leben bescheren könnten. Das sind Gedankenmuster, die zwar wunderbar in unseren Zeitgeist passen, die aber leider mit den tiefen Zusammenhängen des Lebens nicht das geringste zu tun haben.

Obwohl ich ein Verfechter und ein engagierter Vermittler der positiven Imagination bin, komme ich immer mehr zu der Erkenntnis, daß es allen Beteiligten mehr nützt, sich zehn Minuten am Tag vor ein schönes Bild, in die Schwingung einer schönen Musik, in den Schein einer Kerze zu setzen und nur das *Gefühl* der Liebe in sich aufsteigen zu lassen und es an *alle* und *alles* weiterströmen zu lassen.

Wenn Du im Stande der Liebe bist... Drehen wir diesen Satz doch einfach einmal um, damit seine Bedeutung besser zu erkennen ist: Wenn Du imstande bist zu lieben, dann bist Du mitten im Strom einer Kraft, die Dich fähig macht, alles zu erreichen, was Du nur willst.

Dieses »Im-Stand-der-Liebe-Sein« spricht sich leicht dahin und ist sehr schwer auf Dauer durchzuhalten, vor allem wenn man unter Streß steht und einem alles auf die Nerven geht, was sich bewegt. Aber gerade dann wäre es am allerwichtigsten.

Tägliches Training heißt die Lösung. Wenn Sie erst einmal festgestellt haben, wie Ihre Umwelt auf Sie reagiert, wenn Sie dieses Gefühl der All-Liebe in sich tragen, werden Sie nichts lieber tun als zu trainieren.

Dieses Training ist die effektivste Form des positiven Denkens. Wenn Sie es durchhalten, werden Sie wahre Wunder erleben.

Dann werden Sie auch immer stärker, immer mehr autark werden und sich nicht mehr von irgendwelchen äußeren Einflüssen abhängig fühlen, auch nicht von Menschen. Bald werden Sie mehr Hilfe geben können, als Sie selbst in Anspruch nehmen müssen. Und wenn Sie Hilfe brauchen werden, dann wird es Ihnen leicht fallen, darum zu bitten, weil Sie wissen werden, daß Sie sich in einem Kreislauf der Liebe und der Hilfe befinden, in dessen Kette Sie ein tragendes Glied darstellen. Außerdem sind Sie in diesem Zustand der Liebe in bestem Kontakt mit ihren Schutzgeistern und sonstigen unsichtbaren Begleitern, und je höher Ihre Schwingung dadurch wird, desto weniger werden die Wesen (hüben und drüben) an Ihnen Freude haben, auf deren Umgang Sie eigentlich schon immer gern verzichtet hätten.

Ich habe in meinem letzten Buch zwar viel von Geistwesen gesprochen, aber ich habe, was ihre Herkunft und Aufgaben betrifft, noch einiges Material, das Sie sicher interessieren wird. Hier ist es.

ENGEL, SCHUTZGEISTER – WER SIE SIND UND WAS SIE BEWIRKEN KÖNNEN

Ja, jeder Mensch hat Schutzengel. Ohne Schutzengel würde er gar nicht inkarnieren. Das wäre wie ein Kind ohne Eltern.

Manche dieser Schutzgeister haben schon Inkarnationen auf Eurer Erde hinter sich, andere sollen durch Dich erst lernen, wie es ist und was es heißt, inkarniert zu sein. Die Geistwesen, die zu Deiner Führung bereitstehen, sind jedoch erprobte Begleiter. Du bist also kein Versuchskaninchen für Engel.

Es gibt die verschiedensten Arten dieser Wesen. Du weißt ja, daß die Erde eingeteilt ist in das Mineralreich, das Pflanzenreich, das Tierreich und das Menschenreich. Was Du nicht weißt, ist, daß jeder dieser Bereiche seine ganz eigenen und speziellen Schutzgeister hat. Was Du auch nicht weißt, ist, daß der Planet Erde an und für sich, das Erdinnere und auch die Atmosphäre, die ihn schützt, von Entitäten bevölkert ist, die für sein Wohlergehen zuständig sind.

(Sind das die berühmten Elfen, Dämone und Gnome?)

Wenn ich sie Dir alle aufzählen würde, Du würdest es nicht glauben! Du redest immer nur von den Schutzengeln. Aber erzähle den Menschen doch auch von den Hütern der Wahrheit, der Gerechtigkeit, der Gnade, des Wissens.

(Davon weiß ich nichts. Wie soll ich ihnen erzählen?)

Du weißt doch, daß unter den Engeln eine hierarchische Ordnung besteht. Die Engel, die der Christus-Entität am nächsten sind, haben die höchste Stellung in diesem System und insofern einen freien Willen, daß sie selbst entscheiden dürfen, wo sie wirken möchten. Wenn jemand es geschafft hat, bis in die Nähe der Gottheit zu kommen, dann wird er sich natürlich immer dazu entschließen, für die Gottheit direkt zu wirken. Das geschieht am segenbringendsten dadurch, daß sich diese Engel darum bemühen, die hohe OM-Schwingung unter die Menschen zu bringen, in ihre Gedanken und Gebete einzuflechten. Sie heben damit die Gesamtenergie der Menschen aber auch die individuelle Spiritual-Energie. Deswegen ist es so wichtig, daß die Menschen von der Existenz dieser Engel wissen, denn ein bewußter Umgang mit ihnen steigert die Möglichkeiten der Vermittlung gewaltig.

(Was verstehst Du genau unter Vermittlung?)

Du hast doch schon viel über das Wort und den Klang gehört. Ein jeder Gedanke hat einen Klang, wenn Du so willst. Und Gebet hat einen ganz besonderen Klang. Hohe Geistwesen können die Schwingung dieses Klanges aufnehmen, verstärken, verfeinern und in dieser angereicherten Form zurückschicken.

(Erinnert mich irgendwie an eine Waschanstalt, eine geistige, meine ich.)

Der Vergleich hinkt nur deswegen, weil Deine Wäsche nur gereinigt, aber nicht verbessert aus der Waschanstalt kommt. Die Gedankenenergien, die Du beim Gebet aussendest und die von den Engeln aufgenommen werden, kommen jedoch in ihrer ganzen energetischen Struktur verbessert zu Dir zurück.

Der Gedanken-, beziehungsweise Energieaustausch mit diesen Entitäten kann so hoch sein, daß er die Form einer Einweihung annimmt. Erlangen die Gedanken eine Kristall-Schwingung, also eine sehr hohe Qualität, so können ihre Energien bis in den Lichtkreis Christi weitergeleitet werden und so zu seiner Stärkung beitragen.

(Ich habe nicht gewußt, daß die Christus-Energie uns nötig hat!)

Du stammst aus dieser Energie und bist mit ihr in Verbindung, direkt und indirekt. Also bist Du auch verpflichtet, an ihr mitzuarbeiten. Das ist doch der Weg! Du trägst doch in Dir das Wissen um alle göttlichen Eigenschaften. Und je mehr Du Dir Deine Zugehörigkeit be-wußt machst, um so wahrscheinlicher ist es, daß Du mit Deinen Gedanken immer höhere Energien, zuletzt Christus-Energien freisetzt.

Denke nur an den Satz: »Wo zwei oder drei in meinem Namen versammelt sind, da bin ich mitten unter ihnen.« Gedankenenergie kann unglaubliche Formen annehmen, wenn sich mehre-

re Personen zusammensetzen. Dieses war ursprünglich der Gedanke der Heiligen Messe, die Menschen durch gemeinsame hohe Gedankenenergie zu stärken und zu schützen.

(Aber es werden doch auch heute noch Messen abgehalten?)

Diese Messen sind nur noch ein Fragment des ursprünglichen Vorganges. Es beginnt schon damit, daß niemand den Raum während einer Messe betreten oder verlassen darf. Er durchbricht damit den Energiekreis, der sich bei einer solchen Versammlung bilden kann.

Was bei Euch auch anscheinend niemand mehr weiß, ist, daß ein solcher Raum, in dem sich eine energetische Invokation abspielt, nicht in Straßenkleidern betreten werden darf. Es ist ein heiliger Raum. Selbst wenn der Kreis sich wieder aufgelöst hat, ist es unmöglich, daß zum Beispiel eine Touristengruppe in die bestehende hohe Schwingung einbricht und sie damit verändert oder gar zerstört. Ihr geht recht gedankenlos mit Euren heiligen Räumen um. Aber ich mache keine Vorwürfe. Wie sollt Ihr es wissen, wenn Ihr eine Führung habt, die nicht einmal die Grundregeln beherrscht und anerkennt.

(Wie man sieht, erfreuen sich unsere kirchlichen Organisationen auch im Jenseits außerordentlicher Beliebtheit.)

Mit dem Wort »Organisationen« ist schon alles

gesagt. Gott braucht keine Organisationen. Er braucht Menschen, die seine Liebe widerspiegeln. Die Engel sind dabei seine Helfer, für die Allgemeinheit und für den Einzelnen. Sie führen SEINEN Willen aus, sie leben in SEINEM Willen, deshalb brauchen sie keinen eigenen.

Die Elemente Feuer, Wasser, Erde und Luft haben alle ihre eigenen Schutzwesen, die dafür sorgen, daß das elementare Gleichgewicht erhalten bleibt. Diese Wesen stehen sowohl untereinander als auch mit der höchsten Wesenheit in unmittelbarer Verbindung.

Doch ich weiß, daß Dich vor allem die Engel interessieren, die mit den Menschen und ihren Schicksalen zu tun haben.

Zuerst ist es wichtig zu wissen, daß sich Engel in allen Dimensionen bewegen und aufhalten können, jedoch ohne den Einflüssen ausgesetzt zu sein, die Du kennst.

Jeder Engel, der es bis zum Beschützerengel gebracht hat, steht weit über der Stufe eines Wesens, das sich noch einmal inkarnieren muß. Bis ein Beschützerengel reif ist, die Verantwortung für einen einzelnen Menschen zu übernehmen, wird er als Helfer bei der Betreuung von Menschenseelen eingesetzt, die noch nicht so hoch entwickelt sind und deren persönlichen Schutzgeistern er dient.

Wird er Schutzgeist eines einzelnen Menschen, so begleitet er ihn vom Moment der Fleischwerdung bis zum Moment des Todes. Manche zeigen sich ihren Schützlingen auch noch im Jenseits, aber das ist nicht die Regel. Der Engel ist seinem Schutzbefohlenen ähnlich und kann Einfluß auf sein Tun nehmen. Er wählt sich seinen Schützling selbst aus und begleitet ihn manchmal sogar über mehrere Leben hinweg.

(Berät er ihn schon vor der Geburt?)

Nein, dafür gibt es ganz bestimmte Engel, die sich nur um die Vorbereitung der zum Inkarnieren bestimmten Seelen kümmern.

(Arbeiten die persönlichen Schutzengel schon mit diesen eben genannten Engeln zusammen?)

Ja, sicherlich, denn der Schutzengel will sich vorbereiten. Aber vor allem arbeitet er mit den Engeln zusammen, die Du als die Hüter des Karma kennst. Du weißt ja, daß in der Akasha-Chronik alles wie auf einem mentalen Film aufgezeichnet ist. Auch Deine früheren Leben sind darin enthalten, mit allen guten und schlechten Taten. Bevor Du inkarniert wirst, wird auf der Basis dieser früheren Leben in Zusammenarbeit mit Dir Dein künftiges Lebensprogramm erarbeitet.

In diesem Arbeitsprozeß, der viele, viele Jahre dauern kann, wirkt Dein künftiger Schutzengel nicht aktiv mit. Erst wenn Du an den Engel der Geburt weitergegeben wirst, tritt Dein Schutzengel an Deine Seite. Gemeinsam mit dem Geburtsengel verschafft er Dir die Energien, die Du brauchst, *um den Wechsel überstehen zu können; er begleitet Dich vorbei am Hüter der Schwelle des Vergessens, und das ist der Punkt, wo Du an Deinen Schutzengel übergeben wirst.*

Er gibt Dich erst wieder ab, wenn der Zeitpunkt Deines Todes gekommen ist, und zwar an die Todesengel, die ähnlich wie die Geburtsengel arbeiten, jedoch diametral in der Verwendung der Energien. Wenn die einen dazu beitragen, den physischen Körper zu bilden, so bewirken die anderen, daß sich derselbe langsam auflöst.

(Weil wir gerade beim Auflösen sind: Darf ein Mensch nach seinem Tod verbrannt werden?)

Der Menschenleib kommt aus der Erde und soll in sie zurückkehren, so wie die Menschenseele in ihre Heimat zurückkehrt. Lasse Dich nicht verbrennen. Der Feuertod hat eine eigene Bedeutung und auch eine ganz besondere Auswirkung, die nur als geplanter Schicksalspunkt eine Berechtigung hat. Wenn es Dir bestimmt ist, daß Dein Leib von den Hütern des Feuers übernommen wird, so wird es Dir schicksalsmäßig widerfahren. Ansonsten soll Dein physischer Körper von den Energien des Erdreiches aufgenommen werden. Dies ist auch für Deine Seele wichtig, da der Lösungsprozeß sich lange nicht so schnell vollzieht, wie Ihr alle immer annehmt.

(Wieviele Schutzengel hat denn nun ein Mensch eigentlich?)

Du mußt unterscheiden zwischen Dir zugeteilten Schutzgeistern und Wesen, die sich von Dir angezogen fühlen und freiwillig sich Deiner Behütung zur Verfügung stellen. Schutzengel hast Du nur einen, Schutzhelfer je nach Deiner Reife und nach der Größe Deiner Aufgabe in größerer oder kleinerer Anzahl, gerade und genau so viele, wie Du brauchst. Normalerweise bleibt Dir diese Schutztruppe Dein ganzes Leben erhalten. Außergewöhnliche Umstände lassen aber schon einmal einen Wechsel zu.

(So, wie das bei mir einmal geschehen ist?)

Bei Dir ist kein Wechsel des Schutzengels und auch kein Wechsel der engen Schutztruppe vorgekommen, nur die Wesenheit, die für einen bestimmten Abschnitt Deiner spirituellen Entwicklung verantwortlich war, sah sich nicht mehr in der Lage, Dir dies anhand des geplanten Lebensprogrammes in der knappen, noch zur Verfügung stehenden Zeit zu vermitteln. Als sie von der Änderung des Lebensprogrammes erfuhr, hat sie sich geweigert, unter diesen Umständen weiter mitzuwirken. Sie glaubte nicht, daß Du die Änderung überstehen würdest.

(Wer hat geändert, warum hat man geändert??)

Als Dein Lebensweg entworfen wurde, dachte man, daß Du Dein Vorbereitungsprogramm in 35 Jahren schaffen würdest. Als Du dreißig wurdest, war klar, daß dieses Vorhaben unter Beibehaltung des ursprünglichen Planes zum Scheitern verurteilt war.

(Hat man mich dazu befragt?)

Selbstverständlich. Du hast eingewilligt. Es waren mehrere und lange Gespräche nötig, um das nun ablaufende Programm einzusetzen, denn es mußten nochmals die Hüter des Karma befragt werden, weil sich ja auch diese Änderung im Rahmen des Akasha abspielen mußte.

(Ist so eine Änderung üblich?)

Nein. Aber wir hatten keine Wahl.

(Kann man um eine solche Änderung, wenn man sie für unbedingt nötig hält, selbst bitten?)

Das tut Ihr doch andauernd. Im Gebet.

(Ja, aber doch nicht gleich des ganzen Lebensprogrammes!)

Das ist wahr.

(Also ... ?)

Nein, Du kannst eine solche grundsätzliche Änderung nicht selbst erwirken; das ist es doch, was Du wissen willst, und nicht, ob Du sie erbitten kannst.

(Was war der Zweck der Änderung, was sollte das Ergebnis sein?)

Du solltest die Abgründe Deiner Persönlichkeit voll erkennen, damit Dir in Deiner entscheidenden Lebensphase dann niemand mehr etwas würde anhaben können.

(Wann ist die entscheidende Lebensphase?)

Es ist das Siebte Lebensjahrsiebt. (Also von 42-49.)

(Gilt das für alle Menschen?)

Was die spirituelle Entwicklung betrifft, ja. Es ist auch für Deine Schutzgeist-Truppe und für Deinen Schutzengel die Zeit, wo man sehen wird, was die ganze Arbeit wert war. Du würdest wieder sagen, wo die Karten auf den Tisch gelegt werden müssen.

(Was geschieht, wenn man, oder besser, wenn ich versage? Werdet Ihr dann womöglich wieder etwas ändern?)

Nein! Diese Änderung war eine Gnade und eine Chance. Dein Lebensplan ist ab einem bestimmten Zeitpunkt wieder in seinen ursprünglichen Ablauf zurückgekehrt. Nun liegt alles bei Dir.

Wichtig ist vor allem, daß Du den Menschen, die sich zusammen mit ihren eigenen Schutzgeistern bereit erklärt haben, Dir den Spiegel vor Augen zu halten, nicht gram bist, sondern dankbar. Es haben um Dich viele gelitten, die Dich lieben. Hüben wie drüben.

(So ist die Macht der Schutzengel und Geister größer, als ich dachte!)

Sage besser, ihr Einfluß. Ja, der kann gewaltig sein. Aber sie gehorchen immer dem Höchsten Willen.

Als ich diese letzte Durchsage bekam, war ich lange sehr betreten. Und zuletzt sehr dankbar und beeindruckt.

Ich hoffe nur, daß es vielen Menschen vergönnt ist, eine solche Erklärung für Schicksale zu bekommen, die uns immer wieder zu der Frage treiben: Warum *das* ausgerechnet *mir!*

Schicksal ist wirklich, wie Thorwald Dethlefsen sagt, eine Chance. Mehr noch: es ist eine Gnade. Nur, wenn man mitten in einem solchen Schicksalsablauf steckt, dann durchschaut man die Wohltat nicht als solche.

Deswegen ist es ungeheuer wichtig, es immer wieder zu sagen – der Lehrplan erfüllt sich vor allem über das Leid. Es ist also unumgänglich, zu Leid und Glück die rechte Beziehung zu bekommen und diese Vorgänge nicht als feindliche Eingriffe zu betrachten. Wie wichtig vor allem in solchen Lebensmomenten der enge Kontakt zu unseren Beschützern ist, muß doch langsam jedem klarwerden. Man kann unmöglich mit allem allein fertig werden, ohne das Wissen, daß um uns, mit uns Hohe Wesen sind, die uns in Liebe Schutz und Hilfe, Trost und Beistand spenden.

»Glaubst Du das wirklich, was Du da erzählst, von diesen Engeln?« fragte mich meine Mutter. »Ich weiß es«, »sagte ich,« und ohne dieses Wissen würde ich nicht mehr leben.«

Ich frage mich, wie Menschen überhaupt leben

können ohne dieses Wissen. Ganz abgesehen davon, daß eine Zusammenarbeit mit diesen hohen Entitäten aus unseren Normal-Gehirnen Super-Gehirne machen kann. Diese Wesenheiten vermitteln nämlich Energien, die die Gehirnfunktionen in höchstem Maße stimulieren. Es liegt an uns, sie zu nützen.

Wir sind an einem Punkt der Evolution angekommen, wo wir in der Lage sind, mit diesen Energien wirklich umzugehen, sie wirklich umsetzen zu können.

Erste Anzeichen machen sich schon in der ganzen Welt bemerkbar. Anscheinend bin ich nicht die einzige, die weiß. Gott sei Dank!

TIERE –
UNSERE GEFÄHRTEN
UND LEHRER

Nein – das hier ist keine Durchsage in der Form, wie Sie sie bis jetzt kennengelernt haben. Ich hatte auch überhaupt nicht vor, über Tiere zu schreiben, und ich gebe auch zu, daß ich mich mit dem Thema bis jetzt nicht allzu sehr abgegeben habe. Tiere haben mich, um ehrlich zu sein, nur interessiert, wenn sie meine Hausgefährten waren oder wenn Konrad Lorenz darüber sprach.

Durch eine Nachbarin angeregt, begann ich mich für Tierversuche zu interessieren und fühlte mich zwar angewidert, aber nicht animiert, mich irgendwelchen Aktionen anzuschließen, die diesem grausigen Treiben Einhalt gebieten wollten.

Deshalb verwunderte mich das, was mir geschah, um so mehr. Und es passierte, wie immer, völlig unerwartet.

Ich saß als Zuhörer in einem Vortrag, der im Rahmen der Baden-Badener Esoterik-Ausstellung gegeben wurde, und lauschte, wie ich zugeben muß, mehr gelangweilt als angesprochen den abgelesenen Ausführungen einer Dame. Schließlich bat sie um Fragen. Es kamen die üblichen Erkundigungen über Inkarnationen und Karma, die ebenso üblich beantwortet wurden.

Und dann passierte es. Jemand stellte die Frage, wann ein Tier denn soweit sei, daß es in einen Menschenleib überwechseln könne. Ich weiß nicht, ob ich es schaffen werde, *das* wiederzugeben, was sich wie eine Sturzflut von Stimmen im selben Moment in mein Gehirn ergoß.

Ich hörte kaum noch die Antwort der Vortragenden, die dahin tendierte, daß ein Tier ab einem bestimmten Reifegrad eines Menschenleibes würdig sei.

»Wirst Du bitte sofort aufstehen und diesen Unsinn stoppen!?« setzte sich eine Stimme in meinem Kopf schließlich klar durch.

»Es ist nicht mein Vortrag«, sagte ich, »und ich habe nicht vor, mir hier als Erleuchtete zu profilieren. Um was geht's hier, bitte?«

»Es geht hier vor allem darum, daß Du Dir etwas ohne Widerspruch anhörst, von dem Du genau weißt, daß es nicht stimmt.«

»Ich weiß nicht genau.....«, erwiderte ich verunsichert, »ich habe mich mit diesem Thema noch nicht so genau auseinandergesetzt.«

»Das ist doch die Höhe, daß jemand mit Deiner Ausbildung sich mit einer solchen Ausrede aus der Affäre zu ziehen versucht! Es sitzen hier 51 Leute, 51 Suchende, für deren Fehlinformation Du verantwortlich bist!«

»Moment mal«, sagte ich, »ich kann doch nicht für alles verantwortlich sein, was hier auf dieser Messe erzählt wird.«

»Du bist verantwortlich für alles, was Du als falsch erkennst und dem Du nicht widersprichst!«

Ich stand auf und ging.

Abends in meinem Hotelzimmer setzte ich

mich hin, nahm den Bleistift in die Hand und sagte: »Also... bitte!«

Zuerst hörte ich gar nichts, aber dann kamen ein paar Stimmen, die aber nicht mit mir, sondern untereinander sprachen, etwa so: »Nein, Du.... mach Du...also, wer spricht jetzt...? Dann wurde es ganz still, und eine Stimme profilierte sich sehr klar:

Guten Abend. Entschuldige, daß wir uns so eingemischt haben heute nachmittag, aber es wäre sehr wichtig gewesen, diesen Irrtum gleich an Ort und Stelle aufzuklären.

Also höre: Tiere unterscheiden sich von Menschen vor allem und insbesondere dadurch, daß sie keine Individualseele haben, sondern einer Gruppenseele angehören. Deswegen verhält sich zum Beispiel ein Hund aus Australien genauso wie ein Hund aus Mexico oder Skandinavien. Ein Pferd aus Japan kann wie ein Pferd aus Kanada trainiert werden, und eine neuseeländische Kuh würde auf einer deutschen Weide sich genauso verhalten wie zu Hause.

Auch ein Tier wird wiedergeboren, aber immer innerhalb der Tiergruppen. Natürlich steigert es im Laufe seiner Wiederkehr auf diesem Planeten sein Bewußtsein, und diesen Bewußtseinsstufen angepaßt ist auch die Form des Körpers. Aber immer bleibt dieses Bewußtsein auf der Stufe des In-

stinkts und dem des Menschen weit unterlegen.

(Aber es gibt doch Haustiere, die sich sehr individuell verhalten?)

Der enge Umgang mit dem Menschen prägt jedes Tier, besonders diejenigen Tiere, die als Haustiere prädestiniert sind, also Hund und Katze. Durch den Aufenthalt im Energiekreis der Menschen kann ein Tier Verhaltensformen entwickeln, die vom Beobachter als individuell mißdeutet werden können. Es ist aber nichts anderes als eine Form des Abrichtens. Jedes Tier will seinem Herrn gefallen und wird das tun, worauf sein Herr positiv reagiert.

(Aber es gibt doch auch Tiere, die absolut bösartig und hinterhältig sind?)

Alles, was auf dieser Erde existiert, unterwirft sich ihren Gesetzen. Dazu gehört vor allem die Polarität. Die emotionale Ausdrucksskala des Tieres reicht von der Aggression bis zur Depression. Je nach Reifegrad, Veranlagung und Erfahrungswerten wird sich ein Tier im Rahmen dieser Möglichkeiten entwickeln.

(Tiere sind besonders feinfühlig, oft hellsichtiger als Menschen?)

Bei weitem feinfühliger, weil ihre Gehirne nicht vom Intellekt überlagert sind und weil sie noch in ungestörter Verbindung zu ihrer Gruppe und ihren Beschützern existieren. Ihre Sinne sind auch noch nicht so abgestumpft. Denke an das Gehör eines Hundes, an das Gesicht eines Adlers; wie verkümmert ist doch allein Eurer Geruchsinn!

(Wer sind die Beschützer der Tiere?)

Wesenheiten, die später einmal zum Schutz der Menschen beitragen werden.

(Vom Körper her gesehen stammt der Mensch vom Tier ab. Also müßten Mensch und Tier doch eng verbunden sein?)

Der Mensch stammt nicht vom Tier ab. Es wurde zur Materialisation geistiger Menschenbilder allerdings Material verwendet, das sich auf einer gemeinsamen Entstehungsbasis entwickelt hat.

(Wie sind diese geistigen Menschenbilder entstanden?)

Durch die Vorstellungs- oder besser Schöpfungskraft höchster Wesenheiten.

(Warum wurden diese Bilder, die doch nach Gottes Bild und Gleichnis entstanden sein müssen, überhaupt in Materie umgesetzt?)

Die Feinstofflichkeit dieser Geschöpfe hat sich durch ihre Entfernung aus dem Licht so vergrößert, daß eine Rückkehr in die Feinstofflichkeit nur über die Materie möglich war. Du siehst, daß Ihr also eine völlig andere Herkunft habt als die Tiere.

(Also nimmt die Wiedergeburtskette der Tiere als animalische Wesen nie ein Ende?)

O doch. Sie bereiten sich in ihrer Daseinsform als Tier durchaus auf höhere Existenzstufen vor.

(Wie werden diese aussehen?)

Menschenähnlich.

(Also doch?)

Ja. Aber nicht auf dem Planeten Erde und nicht in der Stofflichkeit, die Dir bekannt ist. Tiere haben eine andere Herkunft und eine andere Entwicklung.

(Wo kommen sie her?)

Sie entstammen dem Planeten Erde und seinen energetischen Schwingungen. Sie entstammen dem terrestrischen Schöpfungsplan.

(Und wir nicht?)

Nicht in dieser Form. Ihr seid Gast auf dieser Erde, benutzt sie als Schule, als Lehrplatz. Die Tiere sind die eigentlichen In-Wohner der Erde, so wie Eure Pflanzen und Mineralien.

(Na, dafür gehen wir mit ihnen aber ziemlich rüde um!)

Rüde nennst Du das? Wir nennen das Frevel. Denke an das Wort: »Was Ihr dem Geringsten meiner Brüder getan habt, das habt Ihr mir getan.« Denke außerdem an das Gebot: »Du sollst nicht töten!« Das Tier ist ein Lebewesen, entstammt derselben Schöpferkraft wie Du, besteht körperlich gesehen aus derselben Substanz wie Du. Es sollte Dein Gefährte sein, nicht Dein Nahrungsmittel. Ein Tier hat wesentlich niedrigere Zellschwingungen als ein Mensch, animalische Schwingungen also. Diese nimmst Du alle auf, wenn Du Fleisch ißt.

(Gilt das für alle Tierarten?)

Am ehesten könntet Ihr noch den Verzehr der Tiere des Wassers und der Luft verarbeiten, deren Zellschwingung feiner ist als die der Tiere der Erde.

(Aber es hat doch auch schon Kannibalen gegeben?)

Das sind unbeseelte unterentwickelte Geschöpfe gewesen. Ein Mensch, der einen anderen Menschen umbringt, um sich dadurch zu ernähren, steht auf tierischer Stufe.

(Du hast vorher gesagt, daß die Tiere sich auf einem anderen Planeten inkarnieren. Ist dieser Planet in unserem Sonnensystem?)

Es gibt einen Planeten in Eurem Sonnensystem, der vorzugsweise für die erste Menschwerdung eines Tieres verwendet wird. Aber auch in den anderen Systemen kann diese Form der Weiterentwicklung sich entfalten.

(Wird sich der Mißbrauch der Tiere und der Natur durch den Menschen an ihm rächen?)

Ja. Ein gequältes, geschundenes Tier reagiert mit Angst und Aggression. Diese geistige Energie bleibt erhalten. Wenn sie sich dadurch potenziert, daß Ihr Tausende und Millionen von Tieren quält und schindet, kommt sie auf Euch zurück in Form von Vernichtung und Elend. Genauso reagiert eine ausgebeutete Erde.

(Worin besteht denn nun die schwerwiegendste

Ausbeutung der Erde?)

In der Störung ihres Gleichgewichts.

(Wodurch kommt diese Störung zustande?)

Durch überirdische und unterirdische Atomversuche. Alle diejenigen, die an diesen Versuchen beteiligt sind, sind Mörder. Auch die Verseuchung der Luft ist ein Verbrechen, gegen das die Erde sich wehren wird, die Natur angehen wird. Wehe Euch!

(Du sprichst, als wäre es schon zu spät!)

Wenn Du mich fragst, ich sehe keinen Ausweg mehr. Das hängt auch damit zusammen, daß Eure Schutz-Entitäten sich immer weniger motiviert sehen. Ihr habt unablässig warnende Hinweise bekommen, seid unentwegt gemahnt worden. Aber Ihr habt nicht reagiert. Glaube nicht, daß die Erdbeben von Eurer Erde erzeugt wurden. Sie wurden sämtliche durch unterirdische Atomversuche ausgelöst. Ihr bringt das Gleichgewicht des ganzen Kosmos durcheinander. Das ist der schwerste Verstoß gegen die Nächstenliebe, den es gibt. Ihr steuert auf Eure Vernichtung zu.

(Was soll ich tun?? Seid ihr nicht in der Lage, Zeichen zu setzen, die allgemein als Warnung verstanden werden können?)

Was willst Du denn noch?? Eure Luft ist verheerend geworden, Eure Krankheiten sind verheerend geworden, alles ist radioaktiv verstrahlt, die Jahreszeiten mutieren, bald werden es die Lebe-

wesen auch tun. Aber Eure hab- und machtgierigen Führer führen ihr verbrecherisches Programm weiter durch.

(Was sollen wir tun?)

Wehrt Euch doch endlich. Warum wählt Ihr diese Menschen immer wieder zu Euren Anführern. Eure Mitschuld besteht darin, daß Ihr Euch nicht wehrt! Daß Ihr den Angriff fürchtet! Daß Ihr bequem seid! Daß Ihr gleichgültig und lieblos seid!

(Aber man kann die Menschen doch nicht zur Erleuchtung zwingen!)

Nein! Aber man kann von denen, die wissen, verlangen, daß sie nicht zu Hause sitzen, sondern ihr Wissen den anderen weitergeben. Auch das ist Nächstenliebe. Es ist gut und schön, daß Ihr Gedanken der Liebe erzeugt und daß Ihr meditiert, aber das ist nur die Vorbereitung, die Stärkung für den Kampf, den Ihr draußen zu führen habt. Von Meditation allein wird sich nichts ändern. Steh auf und kämpfe, heißt es in der Bibel. Dann steht doch endlich auf und kämpft! Schließt Euch endlich zusammen, übernehmt doch endlich die Verantwortung, steht doch endlich auf, oder wollt Ihr wieder eine Vernichtung zulassen wie vor zehntausend Jahren?

(Ich kann Deinen Zorn körperlich spüren. Wer bist Du?)

Ich BIN!

Ich bin! Das war jemand, mit dem ich noch nie gesprochen hatte, von dem ich glaubte, daß er sich eigentlich überhaupt nicht mehr sprechen ließe. Ab und zu hatte ich gehört, daß er sich wieder mal irgendwo gezeigt hätte, aber nie bekam ich klare Angaben. Ich will den Namen nicht sagen. Nur so viel – er wird als aufgestiegener Meister bezeichnet. Ich hoffe sehr, daß ich es noch einmal im Leben schaffe, in seine Schwingung zu geraten. Wer rechnet mit einer solchen Konfrontation in einem Baden-Badener Hotelzimmer?!

Wieder zu Hause angekommen, kümmerte ich mich um Aufzeichnungen, die im Jahre 1932 in Amerika erfolgt waren. Bezeichnenderweise wies er schon damals auf diese Entwicklung hin, die wir jetzt in vollem Ausmaß zu beklagen haben.

Diese Aufzeichnungen sind geheim und werden nur in einem Zirkel weitergegeben, der sich in einer Bruderschaft im Sinne dieses Meisters zusammengeschlossen hat. Ich meine, es ist langsam an der Zeit, sie der Öffentlichkeit zu übergeben. Außerdem entnehme ich der vorangegangenen Durchsage, daß es außerdem wohl an der Zeit ist, daß die maßgebenden Mitglieder der Bruderschaft sich der Unbequemlichkeit der Konfrontation mit der Öffentlichkeit stellen.

Ich vertraue dem »Zufall«. Er wird dafür sorgen, daß der Richtige diese Zeilen liest. Und der wird wissen, wer »ich bin« ist. Und ich hoffe, daß die entsprechenden Leute dann reagieren.

Aber wiederum kann ich mir nicht vorstellen, daß ich die einzige bin, die diese Aufforderungen vermittelt bekommen hat. Ich bin immer versucht zu fragen: Wo bleiben denn die anderen?

Ich tröste mich immer wieder damit, daß ich mir sage, Südengland und Kalifornien sind zwar weit, aber doch auf dieser Welt. Denn dort spielt sich im Moment die Quintessenz der spirituellen Entwicklung ab. Darüber bin ich sehr froh. Aber noch mehr würde es mich beglücken, wenn sich die Lehrer dieser Gemeinschaften auch ein bißchen um Deutschland kümmern würden. Wie soll denn jemals eine internationale Zusammenarbeit stattfinden, wenn jeder nur für sich klüngelt. Die Zeit ist mehr als reif!! *Das* ist also keine Ausrede mehr.

Es kann auch nicht nur an der Sprachbarriere liegen. Chris Griscom hat's doch auch geschafft, und sie kann doch bei weitem nicht die einzige gewesen sein, die uns zur Weiterführung bestimmt war. Aber wahrscheinlich ist's in Amerika wesentlich anders als in Deutschland. Die wirklich Großen bleiben lieber zu Hause in ihrem hermetisch geschützten Kämmerlein, weil sie es scheuen, sich der Tortur des Kräfteverlustes von Vortragsreisen und Diskussionen auszusetzen.

Und wenn es einer dieser Berufenen doch über sich bringt, das Vortragspodium zu betreten, so fühle ich mich immer wieder eigenartig berührt durch den Umstand, daß in den meisten Fällen eine Vorlesung gehalten wird, die man nachher auch noch auf Kassetten nachhören kann, aber daß eine Diskussion mit der Zuhörerschaft vermieden wird. Ja, ich weiß, wieviel Kraft es kostet. Aber das ist die Aufgabe. Und wenn die Fragen zum hundertsten Mal kommen. Egal. Dann wird man sie eben zum hundertsten Mal beantworten und bitte genauso sorgfältig wie beim ersten Mal.

Auch das ist eine Form der Nächstenliebe, würde von drüben wieder gesagt werden.

Ich habe sehr viel über die Aussage nachgedacht, daß die Schutz-Entitäten sich immer weniger motiviert sehen. Ich will ja nicht übertreiben. Aber das ist die bedrohlichste Mitteilung, die ich je bekommen habe.

Wenn wir davon ausgehen, daß unsere Schutzengel uns ähnlich sind, sich an uns orientieren, dann heißt das nämlich nichts anderes, als daß Fortgeschrittene, die eigentlich prädestiniert wären zu lehren, aufzurütteln, zu korrigieren und zu unterweisen, am Resignieren sind.

Ist das Ende schon so nahe, so unabänderlich, daß diejenigen, die in der Lage wären, es vielleicht noch zu verhindern, oder auch nur zu lindern, aufgegeben haben?

Es ist nicht Fünf vor Zwölf!! Es schlägt soeben die zwölfte Stunde. Aber bevor der letzte Schlag nicht getan ist, solange können wir das Pendel noch anhalten. Aber wir müssen es *tun*. Und nicht tatenlos herumsitzen und sagen, daß eine Vernichtung vielleicht das Beste ist, weil die Schäden schon irreparabel sind. Und daß zur Reparatur anderes Menschenmaterial nötig sei als das, was wir im Moment zur Verfügung haben.

Gütiger Himmel, ich weiß, daß sich vor kurzem einige hohe Seelen freiwillig inkarniert haben. Ja, glaubt Ihr vielleicht, das haben sie getan, damit wir alle zu Hause sitzen dürfen und uns damit entschuldigen, daß das gegenwärtige »Menschenmaterial« es nicht wert ist, gerettet zu werden? Und sie sind beileibe nicht die einzigen, die ihre ganze Kraft und Liebe zur Verfügung stellen, damit dieser Planet nicht demnächst völlig aus dem Gleichgewicht gebracht und dadurch das ganze Sonnensystem gefährdet wird.

Ich spreche von unseren Brüdern und Schwestern im Weltraum, von den Bewohnern anderer Sonnensysteme, die sich die größten Sorgen um unsere Entwicklung machen.

UNSERE BESCHÜTZER IM WELTRAUM

Mir geht die Ignoranz und Überheblichkeit der Leute langsam auf die Nerven, die die Existenz von unbekannten Flugobjekten anhaltend und hartnäckig leugnen. Und das tun sie zum großen Teil nicht aus Unwissenheit, sondern aus Furcht, daß sie, wenn sie wirklich die Informationen an die Öffentlichkeit gäben, die sie in Archiven verschlossen halten, ihre eigene Macht einbüßen könnten. Ich weiß definitiv von Mitgliedern des CIA (US-amerikanischer Geheimdienst) daß man mit dem diesbezüglichen Material ganze Straßenzüge pflastern könnte. Befragt, warum diese Informationen nicht endlich an die Öffentlichkeit gegeben werden, kommt immer dieselbe Ausrede: Wir wollen die Menschen nicht beunruhigen.

Ich weiß nicht, wieviele Menschen es inzwischen schon gibt, die UFOs mit eigenen Augen gesehen haben und die mit der Besatzung persönlich in Kontakt gekommen sind. Aber kaum machen diese Menschen den Mund auf, werden sie von Ignoranten und angeblichen Hütern des Geheimnisses (welches, bitte??) so lächerlich gemacht, daß sie nie mehr wagen, über ihre Erlebnisse zu sprechen. Genauso verfährt man mit Fotomaterial. Es wird als Fälschung erklärt und verschwindet dann wieder in den berühmten Archiven in immerwährender Vergessenheit.

So geschah es auch mit dem hervorragenden Fotomaterial, das ein gewisser Billy Eduard Meier von UFOs gemacht hatte, die auf einer Wiese in einem Waldstück unweit von seinem Bauernhof in Schmidrüti, Schweiz gelandet waren. Billy, der weder ein begnadeter Fotograf noch ein Mensch ist, der nun fürderhin sein Brot mit der Veröffentlichung seiner Aufnahmen verdienen will, wurde wegen seiner Fotos in einer Weise verunglimpft und angegriffen, die zu denken geben sollte. Eine besternte Illustrierte gab erst im Jahr 1988 einen Artikel zum besten, in dem sich äußerst gut informierte Journalisten zum Thema »Ist da jemand – Leben im Weltraum«, äußerten, und dabei kundtaten, daß alle UFOs auf den Fotos des Billy Meier mit Zwirnfäden in die Landschaft gehängt worden seien.

Ein Glück, daß Billy schon etwas abgebrüht scheint, was Angriffe aus dieser Richtung betrifft. Denn es *muß* ihn betreffen.

Ich kenne dieses Fotomaterial. Es besteht aus einer Vielzahl von Aufnahmen, Dias, Farb-Fotos, zum Teil geschmückt mit Kratzern von Katzenpfoten und Kinderfüßen, die in seiner Küche, wo er sie am Boden herumliegen ließ, achtlos darübermarschierten. Was bezeichnend ist für den »Fanatismus«, mit dem dieser Mann und seine Mitarbeiter eine Veröffentlichung dieser Vorkommnisse betreiben.

Hätte Billy Meier diese UFOs wirklich mit Zwirnfäden in die Landschaft gehängt, dann wäre er heute noch damit beschäftigt, seine Modelle im schönen Schweizerwald an den verschiedensten Stellen zu postieren. Ganz hervorragende Arbeit hätte er in diesem Fall auch als Trickfilmspezialist leisten müssen. Denn eines Tages, als eines von »Billys« UFOs sich mal wieder am Schweizer Himmel vergnügte, wurde es von einem Düsenjäger der Schweizer Luftwaffe gesichtet, der die Verfolgung aufnahm. Die Fotos, sekundenschnell hintereinander geschossen, zeigen einen recht irritiert manövrierenden Piloten, der mit den blitzschnell wechselnden Standpunkten seines mit Hyperenergie arbeitenden Gegenübers nicht so recht umzugehen wußte. Eine beachtliche Reaktion, wie ich meine, auf Modelle, die mit Zwirnsfäden in die Gegend gehängt wurden! Aber Spaß beiseite, dafür ist das Thema zu ernst.

Ich will jetzt auch gar nicht seitenlang von Billy Meier und seinen sicherlich beachtlichen Erlebnissen mit UFOs und deren Piloten berichten, sondern davon, was mir selbst widerfahren ist.

Nein, nein, keine Angst, ich habe *kein* UFO gesehen. Aber ich habe etwas anderes erlebt. Und obwohl ich wieder mal Gefahr laufe, daß meine Umgebung an meiner geistigen Gesundheit zweifelt, ist das Erlebnis so wichtig, daß ich es erzählen werde.

Zur Vorgeschichte gehört, daß ich jemand bin, der, was UFOs betrifft, immer eine etwas gespaltene Meinung hatte. Auf der einen Seite dachte ich mir, daß die kollektive Wahnidee mal wieder zugeschlagen hätte, auf der anderen Seite aber hatte ich in mir eine tiefe Sicherheit, daß es diese Dinge tatsächlich gibt.

1987 geriet ich zum ersten Mal in einen Vortrag eines Mitarbeiters von Billy Meier. Die Dias waren mehr als erstaunlich. Aber das Erstaunlichste für mich persönlich war, daß ich überhaupt nicht erstaunt war, sondern daß mir alle diese gezeigten UFO-Modelle und Ufonauten-Waffen mehr als vertraut vorkamen, ja eher ein bißchen veraltet erschienen. (Seltsamerweise sagte der Referent in einem späteren Vortrag, daß dies die »älteren« Modelle seien). Irgendwie, ganz weit im Hinterkopf drinnen, hatte ich das Gefühl, schon mal »Besseres« gesehen zu haben.

Es war zwischen Weihnachten und Neujahr 1987. Ich saß auf meinem leicht ergrauten Kuschelsofa und beäugte meinen Fernseher. Diejenigen unter Ihnen, die schon mentale Kontakte erlebt haben, werden verstehen, was ich meine, wenn ich sage, daß es plötzlich unruhig in meinem Kopf und im Raum wurde, diese typische Schwingungserhöhung eintrat, die einer Durchsage, einer Mitteilung vorausgeht. Ich wollte mir die Arbeit an diesem Tag leicht machen und ging deshalb zu meinem Schreibtisch, nahm meine Planchette heraus und hielt mein Bergkristall-Pendel darüber.

Das Pendel schlug mit einer Präzision und einer Geschwindigkeit aus, die selbst mir ungewohnt war. Die folgende Wiedergabe ist absolut wortgetreu:

Guten Abend. Mein Name ist Upasu.

(Aha, dachte ich, ganz was Neues, aber auf jeden Fall jemand mit beachtlich reiner und ausgeprägter Energieübertragung. Ich sagte: Guten Abend, Upasu, aus welcher Dimension stammst Du?)

Ich stehe eben 4000 Meilen über Dir in einem unserer Basislager.

(Moment mal, dachte ich, was denn für Basislager? Seit wann wohnen meine Geister denn in Lagern? Also fragte ich vorsichtig – man kann ja nie wissen –: Was für ein Lager meinst Du denn?)

Ich meine eine unserer Raumstationen.

(Mein Gehirn schaltete eine Sekunde auf »nein, danke«, aber dann fragte ich doch weiter: Was für eine Raumstation?)

Es handelt sich um eine Station, die ungefähr 34 Kilometer lang ist.

(Ich legte mein Pendel weg und dachte, jetzt träfe mich gleich der Schlag. Dann sagte ich mir: Also entweder ist das ein Fopp-Geist, dann bin ich in der Lage, das festzustellen, oder ich bin aus Gründen, die sich meiner Kenntnis entziehen, soeben in Kontakt mit einem Außerirdischen ge-

kommen. Das war es wert, geklärt zu werden. Ich entschloß mich, den Stier bei den Hörnern zu packen und fragte: Hast Du einen Nachnamen?)

Ja, mein vollständiger Name ist Upasu Arasatha. Ich bin Sohn des Atarsatha.

(Woher kommst Du, woher stammt Du?)

Ich stamme von den Plejaden. Ich bin Tagurer von Sorxerma. Ich habe eine Frau. Ihr Name ist Adaga.*

(Was machst Du auf dieser Raumstation und wer ist noch bei Dir?)

Ich bin Kommandant, ich habe einen Mitkommandanten; er ist eine Frau, ihr Name ist Mubasa. Diese Raumstation ist wie eine Kolonie und mit allem ausgestattet, was man zum Leben braucht. Diese Station ist eine Form unserer geistigen Expansion, aber auch ein Mahnmal und ein Warnzeichen für Gegner.

(Warum sieht man Dich nicht auf dem Radarschirm. 4000 Meilen müßten von uns aus doch zu erfassen sein?)

Normalerweise ja. Aber unsere Station ist umgeben von einem Schild aus sich unablässig bewegender Hyperenergie.

(O je, meine Physikkenntnisse! Alles schon mal gehört, aber nichts begriffen. Wie wirkt denn diese Hyerenergie?)

---

* Siebengestirn am nördlichen Himmel im Sternbild des Stiers.

Wenn ein Propeller sich mit Höchstgeschwindigkeit bewegt, was siehst Du von ihm?

(Nichts.)

Genauso wirkt Hyperenergie. Sie beschleunigt die Bewegung der Teilchen so vehement, daß die Konturen der Materie nicht mehr mit menschlichem Auge oder irgendwelchen Euch zur Verfügung stehenden Mitteln festzustellen sind.

(Also, dachte ich mir, wenn das ein Fopp-Geist ist, dann wirkt er ungemein seriös. Ich setze die Unterhaltung fort: Was für eine Sprache habt Ihr denn? Sag mal was..... Guten Tag, oder so..)

Wir sprechen eine Sprache, die Du zwar nicht kennst, die aber auf der Erde schon einmal gesprochen wurde, als wir dort noch Kolonien hatten. Das ist Tausende von Jahren her. Guten Tag heißt bei uns »Elado«, was ungefähr Eurem »Willkommen« entspricht, und »Auf Wiedersehen« heißt »Tomu bel«. Kommt es Dir nicht vertraut vor?

(Ja, sagte ich und lauschte der Schwingung der Worte nach, die mir so gar nicht fremd waren. Warum hast Du Dich bei mir gemeldet?)

Weil ich in zehn Minuten bei Dir sein werde. Leg Dich aufs Sofa.

Also, ich meine, alles, was recht ist, das war sogar mir ein bißchen zuviel. Aber dann dachte ich, was kann es mir schon schaden, wenn neben meinem Weihnachtsbaum ein Plejader auftaucht? Warum also eigentlich nicht. Ich holte mir aus dem Schlafzimmer eine Wolldecke, damit der Hauch des Weltalls, sollte er mich ereilen, mich unbeschadet streifen möge, legte mich auf meinem Sofa lang und harrte der Wunderdinge, die da angesagt waren. Ein Plejader in meiner bescheidenen Hütte. Wow!

Und so lag ich und lag ich, es vergingen fünf Minuten, dann zehn, schließlich eine halbe Stunde und noch ein paar Minuten mehr. Penny, sprach ich schließlich zu mir selbst, da bist Du jetzt auch einmal auf eine tolle Verlade hereingefallen. Plejaden und so, ha, ha. Ich wollte gerade meine Wolldecke wieder aufrollen, als folgendes geschah, und zwar genauso geschah, wie ich es jetzt beschreibe.

Von einer Sekunde zur anderen verdrei-, wenn nicht vervierfachte sich mein Herzschlag, meine Netzhaut verschob sich, anders kann ich es nicht beschreiben, und plötzlich wurde alles durchsichtig. Ich war bei völligem Bewußtsein. Ich richtete mich auf meinem Sofa auf und starrte auf das Wunder, das mein eigenes Wohnzimmer war. Meine Pflanzen sahen aus wie reines Glas, in dem Spiralen und Mäander in unglaublichen, nie gesehenen Farben kreisten und pulsierten. Ich erhob mich und ging durch meinen Couchtisch hindurch. Während ich ihn durchschritt, hatte ich nur *das Gefühl von angenehmer Wärme, sonst nichts. Ich ging zu meiner englischen Book-Case und fuhr mit meiner Hand quer durch meine ganzen Bücher. Wieder dieses warme gute Gefühl. Ich drehte mich um, ging zu meinen Pflanzen, stellte mich mitten in sie hinein und befand mich augenblicklich in einer Symphonie von Farben, Wärme und leisen Tönen. Es war einfach unbeschreiblich. Ich bewegte mich auf mein Fenster zu, und in dem Moment, wo ich eben durch die Balkontür gehen wollte, begriff ich und verspürte in derselben Sekunde eine Woge von atemloser Angst. Als hätte mich ein Katapult geschleudert, landete ich mit einem Ruck wieder auf dem Sofa, mein Herzschlag retardierte innerhalb weniger Augenblikke, meine Augen normalisierten sich, ich bekam einen Schweißausbruch und hyperventilierte für ungefähr zehn Sekunden. Dann war ich wieder völlig normalisiert.*

Ich rannte zu meinem Schreibtisch und riß mein Pendel an mich.

(Was war das?)

Das war eine mental übertragene Lichtenergie-Transmission. Auch das hat mit Hyperenergie zu tun.

Als erste Aktion ergriff ich mein Telefon und rief einen befreundeten Psychologen an.

»Weißt Du«, sagte er, »wenn Du LSD genommen hättest, dann wäre das alles ganz leicht zu erklären.« Ich hatte nicht einmal Aspirin im Haus. Und Drogen kenne ich nur vom Hörensagen. »Vielleicht«, so meinte er, »wäre das alles noch zu erklären, wenn Du *vorher* hyperventiliert hättest, aber ohne Vorbereitung, ohne Autosuggestion (man erinnere sich: es geschah in dem Moment, als ich eben meine Wolldecke wieder einrollen wollte, also keine Form von Hypno-Zustand) habe ich keine Erklärung für diesen Vorgang.«

Als nächstes rief ich einen Alt-Philologen an, und nannte ihm die Namen und die Worte.

»Nein«, sage er, »*kennen* tue ich diese Worte nicht. Aber eines sage ich Dir, es klingt astrein wie eine dieser Uralt-Sprachen des Mittelmeerraumes.«

Ich brauchte vier Tage fast keinen Schlaf, und meine Periode verschob sich um 6 Tage, was es noch nie gegeben hatte.

Ich habe es zwar geschafft, mit diesem Upasu noch einige Male in Verbindung zu treten, aber ein Erlebnis wie diese Energie-Transmission habe ich nie wieder geschenkt bekommen.

Das Wichtigste an diesem Kontakt waren jedoch die Aussagen, die ich von Upasu und auch Mubasa bekam. Wie schon bei den Schutzgeist-Gesprächen werde ich auf das Frage und Antwort-Spiel weitgehend verzichten und eine Zusammenfassung der Aussagen und Angaben versuchen. Es hat fünf Kontakte gegeben, wovon zwei Gespräche sehr lang und ausführlich waren.

Wir begrüßen Dich mit Freude.

Wir können mit Dir in Verbindung treten, weil Du fähig bist, die notwendige Frequenz, auf der wir unsere Gedankenenergien vermitteln können, herzustellen.

Es hat keinen Sinn, Dein Erlebnis und Dein Wissen an Menschen weitergeben zu wollen, die nicht bereit und nicht aufnahmefähig für Mitteilungen dieser Art sind. Um diese Dimension zu erfassen, bedarf es eines hohen Reifegrades und eines funktionierenden Erinnerungsvermögens, denn viele, die auf Eurer Erde inkarniert sind, stammen von den anderen Planeten des Sonnensystems, in dem ihr lebt, ab.

Die Anzahl der Planeten in diesem System ist Zwölf. Euer Planet wurde als vorletzter in dem System erschaffen. Er ist nicht der einzig bewohnte, nur sind die Lebensformen auf den anderen Planeten den dortigen Bedingungen angepaßt und für Euer Wahrnehmungsvermögen nicht erfaßbar.

Wir auf den Plejaden haben Körper, die den Euren sehr ähnlich sind. Wir unterstehen demselben Schöpfungsgedanken, daher sind sich die materiellen Ausdrucksformen menschlicher Körper innerhalb dieses Sonnensystems untereinander sehr ähnlich. Auch unsere Flora und Fauna ist aus diesem Grunde sehr ähnlich.

Wir sind Euch in der Entwicklung einige tausend Jahre voraus. Wir könnten Euch natürlich in vielem behilflich sein, aber das würde einen Eingriff in Eure natürlich wachsende Reife und Entwicklung bedeuten, so beschränken wir uns auf eher unsichtbare Hilfestellung, die vor allem darin zum Ausdruck kommt, daß wir uns die größte Mühe geben, das von Euch aus dem Gleichgewicht gebrachte Kräfteverhältnis wieder in eine ausgewogene Balance zu bringen. Ihr würdet schon längst nicht mehr leben aufgrund radioaktiver Verstrahlung, wenn nicht von außen immer wieder hilfreich ausgeglichen worden wäre.

Nein, wir sind nicht die einzigen, die Euch helfen.

Auch die anderen Planeten sind Euch in der Entwicklung voraus, manche sogar weiter als wir. Von ihnen stammen einige der UFOs, die manche von Euch gesichtet haben und deren Aufgabe es ist, Material von der Erde nach oben zu bringen, damit man feststellen kann, welche Formen Euer unüberlegter und gedankenloser Vernichtungsfeldzug schon angenommen hat. Es wurde Erde, Wasser, Pflanzen, aber auch menschliches Zell-Material entnommen und überprüft.

Die Erzählungen von den »Entführungen« sind richtig. Sie waren notwendig, um an das benötigte

Material zu kommen. Dieses war Knochenmark und Hautgewebe.

Daher wissen wir auch, daß die durch radioaktive Bestrahlung bedingte Zellzersetzung schon weiter fortgeschritten ist, als Ihr ahnt. Euer Immunsystem wird immer instabiler. Daher können bisher unbekannte Krankheiten überhaupt erst entstehen.

Nur zum Zweck der Materialbeschaffung werden von unserer Seite UFOs eingesetzt, da sie sich mit Hyperenergie fortbewegen, was eine Belastung des energetischen Gleichgewichtes des Raumes darstellt; deswegen erfolgen nach Besuchsphasen auf Eurer Erde immer lange Erholungspausen.

Wir haben drei sogenannte Stützpunkte auf Eurer Erde, die wir in bestimmten Zeiträumen anfliegen. Einer ist in Rußland, der zweite in der Schweiz, der dritte in Südamerika.

UFOs können von Euch nur gesichtet werden, wenn sie den hyperenergetischen Schutzschirm, der sie wie eine Kugel umhüllt, aufheben. Nur dann können sie fotografiert werden.

Wir helfen Euch, weil wir nach dem Gesetz der Nächstenliebe leben und handeln. Viele Begegnungen zwischen Erdenmenschen und uns sind nie an die Öffentlichkeit gelangt, weil es für klüger erachtet wurde, diese Vorkommnisse nicht zu publizieren.

Dies geschah mit Rücksicht auf den Reifegrad der Umgebung dieser Menschen. Mit einigen dieser Kontaktpersonen stehen wir noch immer in Verbindung, ja, ähnlich wie mit Dir, aber auch in anderer, konzentrierterer Form. Das ist eine Form telepathischer Bildübertragung.

Viele dieser Kontaktpersonen sind von den Plejaden auf die Erde inkarniert worden, um direkte Verbindungspunkte haben zu können. Du könntest sagen, es sind unsere Agenten. Viele dieser Menschen sind sich ihrer Herkunft bewußt, andere ahnen sie nur und fühlen sich durch diese Ahnung motiviert, sich an die »Wissenden« anzuschließen. So bilden sich von alleine Gruppen.

Ja, diese Gruppen haben im weitesten Sinne mit den geistigen Gruppen zu tun, von denen Du Kenntnis bekommen hast. Diese Gruppen schließen sich instinktiv zusammen. Die hierarchische Ordnung ist ähnlich, wie sie Dir im geistigen Bereich beschrieben wurde.

Diese Gruppen arbeiten im Stillen und zwingen niemanden, ihnen zuzugehören. Sie geben sich auch nicht als mit Außerirdischen kontaktierende Gruppen zu erkennen, sondern sie senden bestimmte Signale aus, die von denen, die den erforderlichen Reifegrad besitzen, empfangen werden können und die sich dadurch angezogen fühlen.

Du hast längst auch schon solche Signale empfangen, aber Du hast nicht reagiert. Achte vor allem auf Signale aus Zürich und Wien.

Die Signale der »Sanften Verschwörung« sind verschlüsselt, was den Sinn hat, daß nur diejenigen darauf reagieren sollen, die zur Mitarbeit reif sind und verwendet werden können. Da jeder der Mitarbeiter freiwillig und selbstlos mitwirkt, bedarf es nur des Erkennens der Aufgabe. Nein, es handelt sich nicht um Sekten. Wir lehnen jede Art von Organisationen religiöser Art ab. Das ist alles Menschen-Machwerk, das nichts Gutes bringen kann.

Es ist wichtig, den Auftrag zu verstehen und für ihn zu leben. Viele haben es schon verstanden, aber noch viele mehr müssen erst begreifen, um was es geht. Diese Menschen brauchen die Hilfe unserer »Agenten«. Aber sie müssen sich der Bedürftigkeit dieser Hilfe bewußt werden, denn die Hilfe darf niemals aufgezwungen werden. Deswegen hat es auch nicht den geringsten Sinn, die Öffentlichkeit nun mit Gewalt von der Existenz von UFOs überzeugen zu wollen. Diejenigen, die Bescheid wissen sollen, haben längst Kenntnis über die wichtigsten Vorgänge erhalten.

(Gibt es auch Mächte, die an der Vernichtung der Erde interessiert sind?)

Es gibt Mächte, die an der geistigen Übernahme des Sonnensystems interessiert sind. Es geht hier um Machtkämpfe, deren Ausmaß Du Dir nicht vorstellen kannst. Da Eure Erde der Schwach-

punkt in Eurem Sonnensystem ist, seid Ihr natürlich durch solche Gegner gefährdet.

Aber auch hier stehen wir Euch hilfreich bei, da Ihr gar nicht die Möglichkeiten hättet, Euch gegen Angreifer dieser Stärke zu wehren. Hier wird nicht mit Atombomben gearbeitet, sondern mit Stoffen, die das Gehirn und die Zellen zerstören. Der Planet wird ja wegen des Gleichgewichts gebraucht, und deshalb wissen diese Mächte, daß er erhalten bleiben muß. Die Bewohner sind es, die entfernt werden sollen. Aber habe keine Befürchtungen; Euer Schutz ist stark.

Aber es ist wichtig, daß Ihr auf den rechten Weg kommt. Denn wenn Ihr Euch auch weiterhin so schwächt, dann wird Euch der beste Schut nichts nützen, weil Ihr nicht mehr widerstandsfähig, das heißt lebensfähig seid. Ihr müßt langsam einsehen, daß Ihr die Schöpfer und Vollstrecker Eures eigenen Vernichtungsprogrammes seid.

(Ich habe in letzter Zeit immer wieder von einem Chef der Raumflotte namens Ashtar gehört. Existiert dieser Mann wirklich, oder ist er eine Erfindung?)

Er ist keine Erfindung. Ashtar ist Kommandant einer Raumflotte, deren Stützpunkt sich im Alpha-Centaurus-System befindet. Wir unterhalten zu den Bewohnern dieses Systems wirtschaftliche und wissenschaftliche Verbindungen. Leider wird Ashtars Name von einigen Mächten mißbraucht, *die sich unter seinem Zeichen bei bestimmten Gruppen melden, die Kontakte zu Außerirdischen herzustellen versuchen.*

(Woran könnte man merken, wer der echte und wer der falsche Ashtar ist?)

An der Qualität der Aussagen wäre es für einen Eingeweihten ein Leichtes, die wahre Identität des Urhebers der Durchsagen festzustellen. Ashtar handelt nach den höchsten Gesetzen. Was man von den Mißbrauchern seines Namens nicht behaupten kann.

Wenn Ihr Eure Machtbedürfnisse reduzieren oder gar streichen könntet, dann wäret Ihr doch in der Lage, die kontaktierenden Gruppen zusammenzusetzen, damit sie die Aussagen gegenseitig überprüfen und austauschen könnten. Steitereien auf diesem Sektor sind nicht nur kindisch und unreif, sondern auch höchst gefährlich, da die gegnerischen Mächte ihre schädlichen und zersetzenden Ideen über solche Gruppenzugehörige unter die Menschen bringen können.

Wenn es einer dieser Gegner geschafft hat, sich in ein menschliches Gehirn einzuklinken, so kann er dieses Energiezentrum für seine Bedürfnisse umfunktionieren, wenn er willigen Einlaß gewährt bekommt. Deswegen wäre es äußerst wichtig, die kontaktierenden Gruppen über bestimmte Grundsätzlichkeiten (Gesetzlichkeiten) aufzuklären. Viele lassen sich mißbrauchen und haben keine Ahnung, wem sie sich zur Verfügung stellen und vor allem, was sie mit ihrer Bereitwilligkeit verschulden.

Es ist sehr, sehr wichtig, den Menschen mitzuteilen, daß jeder, der sich ohne genügende Reife und Vorbereitung für Durchsagen zur Verfügung stellt, für seinen Übergriff bezahlen muß. Kontaktaufnahme mit unsichtbaren Wesenheiten dürfen nur unter anfänglicher Anleitung eines Meisters oder von Personen von geistiger Reinheit ausgeführt werden. Sonst werden diese Menschen zu Katalysatoren für erdgebundene und erdfeindliche Negativ-Energien, die sie in ihrer Umgebung, ohne es zu wissen, verbreiten, was zu Krankheit und Elend führen kann.

Weiterhin ist es notwendig, den Menschen zu sagen, daß sie aufhören sollen, sich Sekten und religiösen Organisationen unterzuordnen. Jede Sekte besitzt ein Oberhaupt. Dieses Oberhaupt ist unvollkommen und mißbraucht allein durch seine Anmaßung, Oberhaupt zu sein, die Kräfte seiner Anhänger. Es gibt zu der gegenwärtigen Zeit keinen Meister, der in der Lage wäre, wie Christus, Menschen um sich zu scharen. Jeder, der sich einer solchen Sekte anschließt, schmälert seine Gedankenfreiheit und beschränkt seinen freien Willen. Ihr sollt frei und unabhängig den Willen Gottes, das Gesetz der Liebe leben. Wo Ihr Euch zu gegenseitiger Hilfe und zum Erfahrungsaustausch zusammenschließen wollt, tut es. Aber organisiert Euch nicht. In Organisationen entstehen immer Machtstrukturen, und aus Machtstrukturen entsteht Fanatismus, der größte Feind des freien Willens und der Liebe.

(Habt Ihr keine Religion?)

Religion ist Organisation. Wir leben das Gesetz des Kosmos. Jeder einzelne für sich, und so auch die Gemeinschaft.

(Habt Ihr Gesetze?)

Natürlich. Jede Gemeinschaft braucht Regeln, die jeder einzelne anerkennt und die er als nötig erachtet. Verstöße werden bestraft.

(Gibt es bei Euch die Todesstrafe?)

Nein. Nur wer Leben erschaffen kann, darf es auch wieder nehmen. Wenn Ihr ganz in die Schwingung des Wassermann-Zeitalters gekommen seid, wird es auch bei Euch keine Todesstrafe mehr geben. Das Wassermann-Zeitalter bedeutet, daß Euer ganzer Planet in ein höheres Schwingungsfeld gerät. Diese erhöhte Schwingung stellt auch an Euch, die Bewohner dieses Planeten, höhere Bedingungen. Menschen, die sich nicht um eine geistige Entwicklung nach den hohen spirituellen Gesetzen, wie sie Euer Meister Jesus Euch vermittelt hat, bemühen, werden innerhalb dieser erhöhten Schwingung weder existieren noch inkarnieren können. Das Wassermann- Zeitalter fordert eine kollektive Weiterentwicklung. Jeder, der *sich aus Bequemlichkeit dieser Entwicklung und ihrer Anforderung zu entziehen versucht, vernichtet sich selbst.*

(Wie sieht diese Vernichtung aus?)

Diese Menschen werden bestimmte Vorkommnisse auf Eurem Planeten, die in nächster Zeit stattfinden werden, nicht überstehen können. Es ist die Qualität der Gedanken, die einen Menschen resistent macht gegen gewisse Einflüsse; die Resistenz des Körpers ist nur eine Begleiterscheinung.

Diejenigen, die um diese Vorgänge wissen, haben also die Pflicht, ihre Mitmenschen aufzuklären und anzuleiten, in Liebe und Geduld. Frage also nicht, wie es bei uns aussieht, und danach, was wir tun. Tu Deine Pflicht in Deiner Umgebung.

Wir lieben Euch.

Ich kann nicht sagen,daß mich diese Durchsagen beruhigt und friedlich gemacht haben. Es scheint sich in unserem ganzen Sonnensystem schon herumgesprochen zu haben, daß unserem Planeten eine tiefgreifende Veränderung bevorsteht, nur bei uns hat sich dieses Wissen noch nicht durchgesetzt!

Ich habe natürlich auch aus Büchern und aus den Mündern mehrerer Medien gehört, daß uns eine planetare Katastrophe bevorsteht. Angeblich soll diese durch einen Polsprung, hervorgerufen durch den Einschlag eines Riesenmeteoriten, der schon seit langem Kurs auf unsere Erde genommen hat, ausgelöst werden.

Ich persönlich glaube nicht an solche kataklystischen Veränderungen in diesem Ausmaß. Ich bin der Ansicht, daß diese Veränderung, genau wie der Plejader es sagte, sich in einer ganz anderen Dimension abspielen wird, aber deswegen nicht weniger durchgreifend und rigoros sein wird.

Allerdings bin ich der festen Überzeugung, daß es, wenn es den wenigen berufenen Politikern, die wir haben, nicht gelingt, den atomaren Experimentier-Wahnsinn zu stoppen, durchaus zu einer Katastrophe erdumfassenden Ausmaßes kommen kann. Deshalb bedürfen diese Politiker unserer Unterstützung.

Wenn also überhaupt noch ideelle Organisationen, dann solche, die sich vehement der Bekämpfung des atomaren Mißbrauchs widmen. Jeder, der Kinder hat oder haben will, ist diesen Widerstand seinen Nachkommen schuldig. Und auch seinem Gastplaneten Erde.

Abschließend möchte ich sagen, daß es mein Anliegen ist, Sie über das Stadium der freundlichen Konversation mit Ihren Schutzgeistern hinaus zu motivieren, denn wenn sich nun endlich die Erkenntnis durchgesetzt hat, daß diese Wesen

Vermittler höherer Energien sind, dann muß es doch auch allmählich klarwerden, daß es hier nicht mehr um die Bewältigung unserer persönlichen Sorgen und Alltagsprobleme geht, sondern um das allgemeine Wohl.

Es geht nicht nur um ein erweitertes Bewußtsein, sondern vor allem um eine Erweiterung unseres Bewußtseins in die Allgemeinheit. Mit der Allgemeinheit meine ich natürlich nicht nur unsere Nächsten, unsere Mitmenschen, sondern auch unsere Natur, unsere Umwelt. Das Wassermann-Zeitalter fordert von uns auch die Erlangung eines subtilen ökologischen Bewußtseins.

Und wir haben nicht mehr sehr viel Zeit, vom ICH-Denken hinüberzureifen ins WIR-Denken.

Wenn wir die Riesenhaftigkeit des Systems auch nicht ganz verstehen, aber doch zumindest erahnen können, dann müßte es uns geradezu ein tiefes Bedürfnis sein, uns in den Entwicklungsplan nutzbringend einzufügen und unsere geburtspflichtmäßige Aufgabe zu erfüllen, die aus den zehn Geboten unschwer zu entnehmen ist und sich mit der Aufforderung »Liebe Deinen Nächsten« auf einen kurzen, aber aussagekräftigen und unmißverständlichen Nenner bringen läßt.

Ich habe es schon in meinem letzten Buch gesagt, und ich möchte es als Abschluß dieser Arbeit noch einmal betonen: Die übelste Ausrede und mieseste Entschuldigung die es gibt, lautet: »Was kann ich kleines Nichts denn schon tun? Gegen die Mächtigen kann ich Staubkörnchen doch sowieso nichts ausrichten.« Es waren in unserer Geschichte zumeist Staubkörnchen, die ganze Miß-Systeme zum Stillstand gebracht haben. Um wieviel durchschlagender muß die Wirkung sein, wenn die Staubkörnchen sich endlich sammeln.

Doch dieses Sammeln kann nur von Nutzen sein, wenn die Lösung klar ist.

Wer begriffen hat, daß alle lebensfeindlichen Intelligenzen ihre zerstörerischen Energien aus unseren Negativ-Empfindungen erhalten und nähren, der müßte die Lösung eigentlich schon im Herzen haben. Ich sage sie noch einmal, damit sie nicht verblaßt und damit sie das Schlußwort dieses Buches bildet, das nichts anderes vermitteln wollte als diesen Grundgedanken:

Fürchte Dich nicht – liebe!

Zum Weiterlesen

Dethlefsen, Thorwald, Krankheit als Weg, München 1983

Ferguson, Marilyn, Geist und Evolution, München 1981

Halpern, Steven, Klang als heilende Kraft, Freiburg 1985

Kollmann, Albert, Einführung in die Genetik, Frankfurt/M. 1984

Lermer, Stephan, Krebs und Psyche, München 1982

Steiner, Rudolf, Aus der Akasha-Chronik, Dornach 1985

Sterneder, Hans, Tierkreisgeheimnis und Menschenleben, Freiburg 1983

Wendt, Viktor K., Polarität, Basel 1986